500 Hidden Secrets

PORTO

BRUCKMANN

EINLEITUNG

Porto – eine Stadt mit einer alten Seele und einer bewegten Historie, die auf neun Jahrhunderte zurückblickt. In den letzten Jahren konnte man hier eine spannende Neuausrichtung beobachten, die Tradition und Moderne auf atemberaubende Weise zusammenführte. Hier stoßen Sie auf Kirchen mit weiß-blauen *Azulejo*-Fliesen und barocke Attraktionen ebenso wie auf eine zeitgenössische Architektur von Weltklasse und eine pulsierende Kulturszene.

Enge, gepflasterte Gassen, farbenfrohe Häuser, Reste der mittelalterlichen Stadtmauer, imposante Brücken und eines der schönsten Flussufer der Welt: Das sind nur einige der versteckten Schätze, mit denen Porto aufwarten kann. Die nordportugiesische Stadt ist – nach Einwohnerzahl – die zweitgrößte des Landes, berühmt für ihre zum UNESCO-Weltkulturerbe zählende Altstadt, unzählige Portweinkellereien, herrlichen Fisch und Meeresfrüchte und ein quirliges Nachtleben mit Festen, die erst in den frühen Morgenstunden zu Ende gehen. Es dürfte wohl kein Geheimnis sein, dass die herzensguten und freundlichen *portuenses* stolz sind auf ihre Stadt.

Dieses Buch hilft Ihnen dabei, Porto in all seinen Facetten kennenzulernen, etwa mit 5 Bars, in denen man wie ein Einheimischer einkehrt, oder mit den 5 originellsten Sehenswürdigkeiten. Sie erhalten einen intimen Einblick in alles, was die Stadt zu bieten hat, von eher unbekannten Attraktionen bis hin zu den angesagtesten Hotspots. Auf dem neuesten Stand und von den Autorinnen, zwei *Portuense*-Schwestern, akribisch recherchiert, wird Sie dieser Reiseführer dabei begleiten, die schönsten Aussichtspunkte zu finden, die 5 besten Adressen für eine *francesinha* – Portos verrückteste Sandwichkreation – und vieles mehr.

ÜBER DAS BUCH

Dieser Reiseführer listet 500 wissenswerte Tipps zu Porto in 100 verschiedenen Kategorien auf. Er enthält Orte, deren Besuch lohnenswert ist, aber auch praktische Informationen, die Sie dabei unterstützen sollen, sich in der Stadt zurechtzufinden. Vor allem aber soll Sie dieses Buch inspirieren, sich auf die Suche nach Ihrem Porto zu machen. Eine Stadt vollständig vorzustellen, ist hingegen nicht das Ziel dieser Reihe.

Zu jedem Eintrag sind eine Adresse sowie der jeweilige Stadtteil und eine Nummer angegeben, damit Sie die Orte auf den Karten am Anfang des Buches finden. Suchen Sie nach der Karte des entsprechenden Stadtteils und dann nach der Nummer. Hierzu ein wichtiger Hinweis: Die Karten sind nicht sehr detailliert und können deshalb nur einen groben Überblick geben. Einen genaueren Stadtplan erhalten Sie bei jeder Touristeninformation, im Hotel oder wenn Sie die entsprechende Adresse in Ihr Smartphone eingeben.

Bitte denken Sie auch daran, dass sich eine Stadt wie Porto ständig verändert – der hochgelobte Chefkoch hat vielleicht ausgerechnet bei Ihrem Besuch einen schlechten Tag. Ein Hotel, das von uns angepriesen wird, kann plötzlich wegen eines neuen Managers an Qualität verlieren. Oder die Bar, die als eine der »5 Bars, um wie ein Einheimischer zu trinken« empfohlen wird, könnte am Abend Ihres Besuchs leer sein. Die hier vorgestellte Auswahl ist natürlich eine sehr persönliche und wird nicht immer Ihren ganz persönlichen Geschmack treffen. Wenn Sie einen Kommentar hinterlassen, eine Bar empfehlen oder Ihren Lieblingsort verraten wollen, besuchen Sie bitte *www.the500hiddensecrets.com* oder folgen Sie *@500hiddensecrets* auf Facebook oder Instagram und hinterlassen Sie einen Kommentar.

DIE AUTORINNEN

Die Schwestern Joana und Sofia de Lacerda, die beiden Köpfe hinter JO&SO *(joandso.com)*, sind in Porto aufgewachsen. Auf ihrer Website geben sie Empfehlungen zu portugiesischen Reisezielen, gewürzt mit spannenden Geschichten, unverfälschten Fotos und Insider-Tipps. Dabei wollen sie entdeckungsfreudigen Reisenden helfen, eigene unvergessliche Eindrücke zu sammeln. Beide haben einige Zeit im Ausland verbracht, was ihnen eine wertvolle Außenansicht beschert und ihre Liebe zu Portugal noch weiter gesteigert hat.

Der Tourismus hat maßgeblich dazu beigetragen, dass Porto nach dem wirtschaftlichen Einbruch 2008 wieder auf die Beine gekommen ist. Umso wichtiger ist es für Joana und Sofia, die Identität und Authentizität der Stadt so weit wie möglich zu bewahren. Das gelingt ihrer Meinung nach vor allem, indem traditionsreiche Einrichtungen sowie unabhängige kleine Unternehmen sowie Menschen, die anpacken und Ideen vorantreiben, unterstützt werden.

Während der letzten Arbeitswochen an diesem Buch wurde auch Porto von der Covid-19-Pandemie überrollt. Die Autorinnen hoffen, dass die außerordentliche Liebe und Hingabe, die sie in ihre Arbeit haben mit einfließen lassen, dazu beitragen wird, dass die Stadt bald wieder in alter Form aufblühen wird. Im März 2022, kurz vor Drucklegung, wurde der Reiseführer ein letztes Mal überarbeitet, um sicherzustellen, dass der Blick auf Porto so präzise und aktuell wie möglich ist.

Joana und Sofia möchten sich gern bei ihren Partnern – Henrique und Mo – für ihre monatelange Geduld und die unzähligen Ratschläge bedanken. Ein großes *obrigado* gilt außerdem ihrer Familie und Freunden – insbesondere ihrer Mutter, Patrícia, Piki, Juan, Mike und Carol – für viele wertvolle Tipps. Und ein ganz besonderer Dank geht an Dettie und Luster für die Möglichkeit, deren 500 *Hidden Secrets* zu Porto mit der Welt teilen zu dürfen.

PORTO
Überblick

6
Paranhos
Bahnhof
Contumil
1
Cedofeita
6
Campanhã
7
Massarelos
3
Santo
Ildefonso
6
Bonfim
2
Vitória
Bahnhof
São Bento
4
Miragaia
4
Sé
Bahnhof
Campanhã
4
São Nicolau
Douro
11
Vila Nova de Gaia

Karte 1

CEDOFEITA

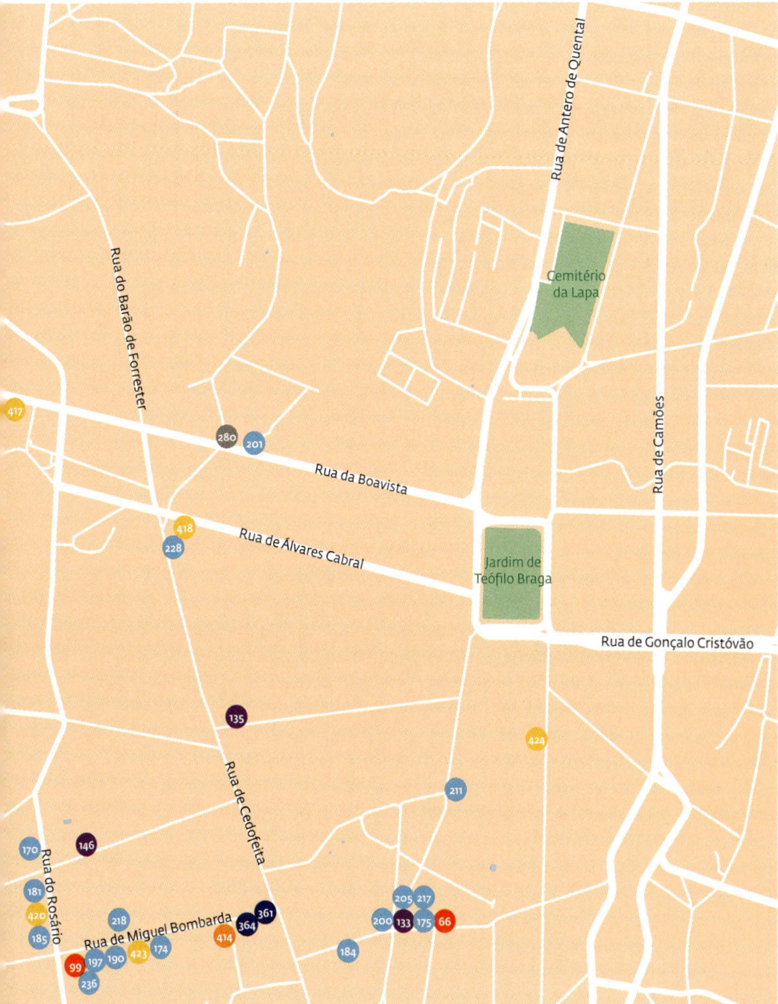

ESSEN – TRINKEN – SHOPPEN – GEBÄUDE – ENTDECKEN – KULTUR – KINDER – SCHLAFEN – WOCHENENDE – QUERBEET

Karte 2

VITÓRIA

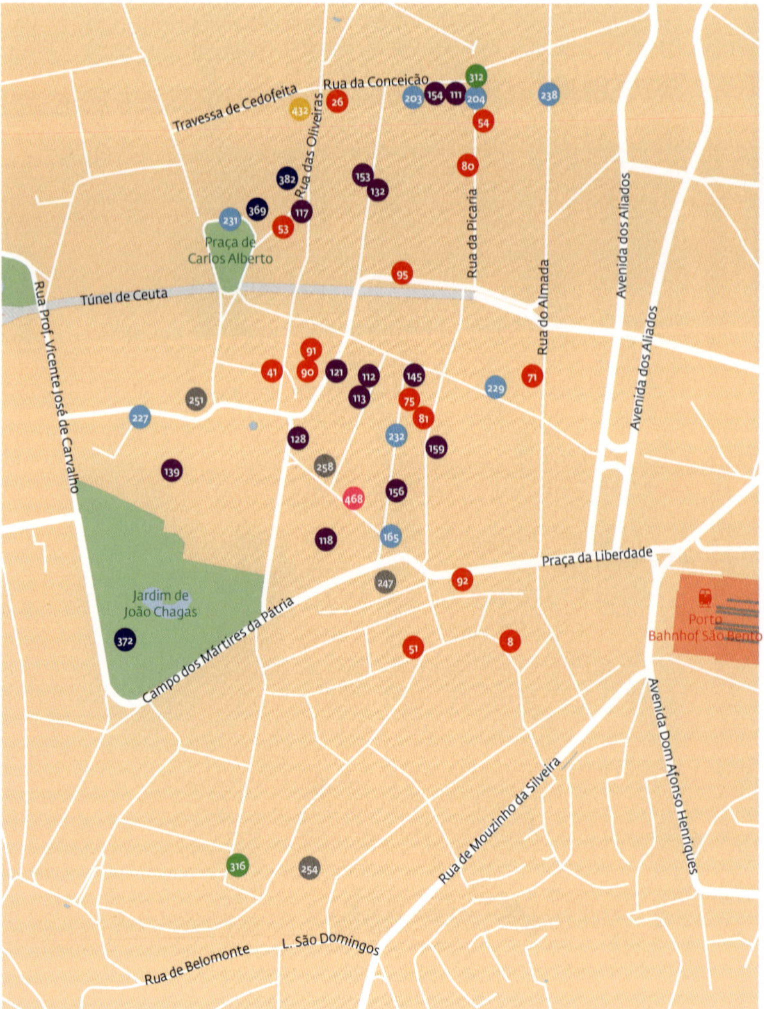

ESSEN – TRINKEN – SHOPPEN – GEBÄUDE – ENTDECKEN – KULTUR – KINDER – SCHLAFEN – WOCHENENDE – QUERBEET

Karte 3

SANTO ILDEFONSO

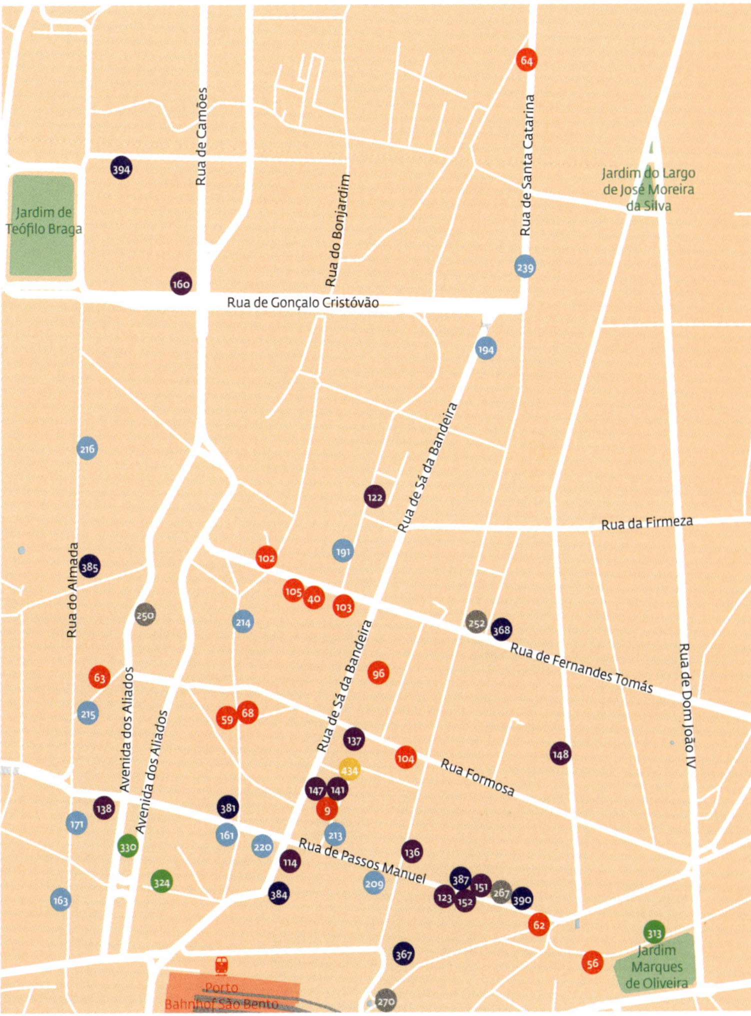

ESSEN – TRINKEN – SHOPPEN – GEBÄUDE – ENTDECKEN – KULTUR – KINDER – SCHLAFEN – WOCHENENDE – QUERBEET

Karte 4

MIRAGAIA, SÃO NICOLAU

ESSEN – TRINKEN – SHOPPEN – GEBÄUDE – ENTDECKEN – KULTUR – KINDER – SCHLAFEN – WOCHENENDE – QUERBEET

und SÉ

ESSEN – TRINKEN – SHOPPEN – GEBÄUDE – ENTDECKEN – KULTUR – KINDER – SCHLAFEN – WOCHENENDE – QUERBEET

Karte 5
RAMALDE

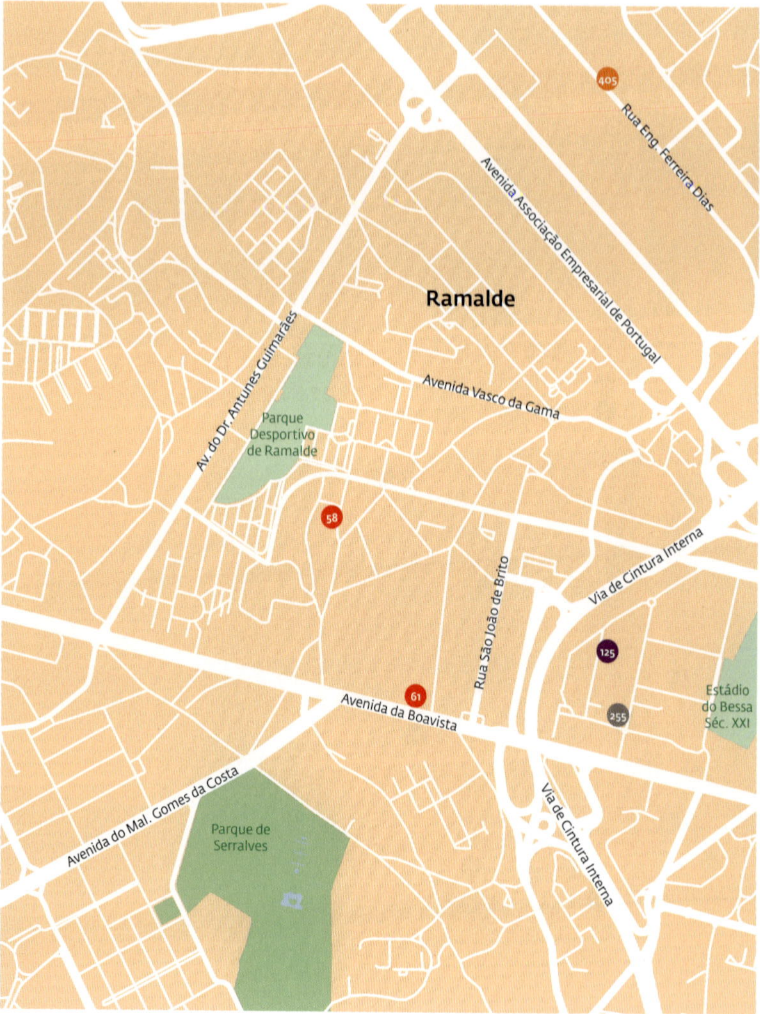

ESSEN – TRINKEN – SHOPPEN – GEBÄUDE – ENTDECKEN – KULTUR – KINDER – SCHLAFEN – WOCHENENDE – QUERBEET

Karte 6

BONFIM, PARANHOS *und* CAMPANHÃ

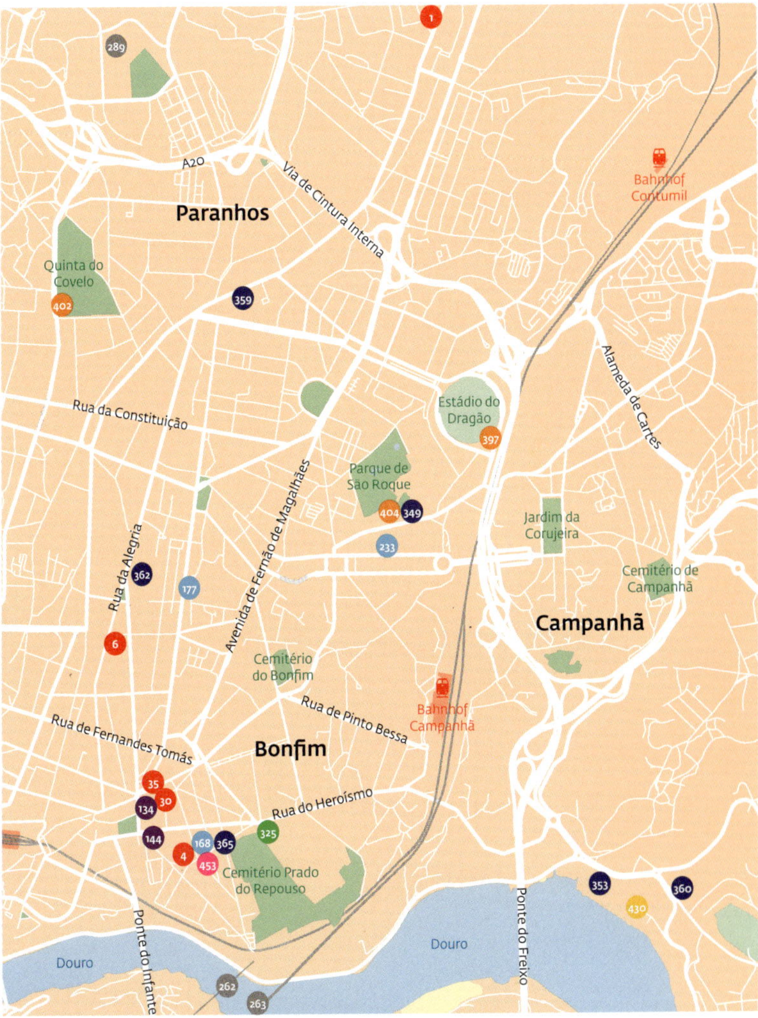

ESSEN – TRINKEN – SHOPPEN – GEBÄUDE – ENTDECKEN – KULTUR – KINDER – SCHLAFEN – WOCHENENDE – QUERBEET

Karte 7

LORDELO DO OURO

ESSEN – TRINKEN – SHOPPEN – GEBÄUDE – ENTDECKEN – KULTUR – KINDER – SCHLAFEN – WOCHENENDE – QUERBEET

und MASSARELOS

ESSEN – TRINKEN – SHOPPEN – GEBÄUDE – ENTDECKEN – KULTUR – KINDER – SCHLAFEN – WOCHENENDE – QUERBEET

Karte 8

ALDOAR, NEVOGILDE

ESSEN – TRINKEN – SHOPPEN – GEBÄUDE – ENTDECKEN – KULTUR – KINDER – SCHLAFEN – WOCHENENDE – QUERBEET

und FOZ DO DOURO

ESSEN – TRINKEN – SHOPPEN – GEBÄUDE – ENTDECKEN – KULTUR – KINDER – SCHLAFEN – WOCHENENDE – QUERBEET

Karte 9

MATOSINHOS

LEÇA DA PALMEIRA *und* MATOSINHOS

ESSEN – TRINKEN – SHOPPEN – GEBÄUDE – ENTDECKEN – KULTUR – KINDER – SCHLAFEN – WOCHENENDE – QUERBEET

Karte 10

VILA NOVA DE GAIA

ARCOZELO

ESSEN – TRINKEN – SHOPPEN – GEBÄUDE – ENTDECKEN – KULTUR – KINDER – SCHLAFEN – WOCHENENDE – QUERBEET

Karte 11

VILA NOVA DE GAIA

SÃO PEDRO DA AFURADA

ESSEN – TRINKEN – SHOPPEN – GEBÄUDE – ENTDECKEN – KULTUR – KINDER – SCHLAFEN – WOCHENENDE – QUERBEET

SANTA MARINHA

ESSEN – TRINKEN – SHOPPEN – GEBÄUDE – ENTDECKEN – KULTUR – KINDER – SCHLAFEN – WOCHENENDE – QUERBEET

110 ORTE FÜR GUTES ESSEN UND TRINKEN

5 Orte für superleckere

PORTUGIESISCHE SPEZIALITÄTEN

1 **O PAPARICO**
Rua de Costa Cabral 2343
Paranhos ⑥
+351 22 540 0548
opaparico.com

Das rustikale O Paparico befindet sich in einem hübschen Haus in der Altstadt. Es ist die perfekte Wahl für einen besonderen Abend mit portugiesischer Küche. Auch das Angebot an Weinen ist beeindruckend. Machen Sie sich bereit für eine kulinarische Reise, die voraussichtlich um die drei Stunden dauern wird.

2 **DOP PORTO**
Largo São Domingos 18
São Nicolau ④
+351 22 201 4313
doprestaurante.pt
ruipaula.com

Rui Paula wurde in Porto geboren und ist hier aufgewachsen. Er ist einer der wenigen Köche des Landes, die zwei Michelin-Sterne (für das Casa de Chá da Boa Nova) ihr Eigen nennen. Das DOP ist seine kreative Antwort auf die Traditionen der portugiesischen Küche. Das Restaurant ist elegant, die Gerichte sind wie kleine Kunstwerke. Und sollten Sie mal in der Nähe vom Douro sein, werfen Sie ruhig auch einen Blick auf das andere Etablissement, DOC.

3 **TABERNA DOS MERCADORES**

Rua dos Mercadores 36–38
São Nicolau ④
+351 22 201 0510

Wenn Sie auf der Suche sind nach einem lauschigen Restaurant in Ribeira, das herzhaft-rustikale Gerichte serviert, dann ist die Taberna dos Mercadores genau die richtige Wahl. Da es nur acht Tische gibt, ist eine Reservierung zu empfehlen. Zu den Köstlichkeiten, die die offene Küche produziert, zählen knusprige Kabeljaukroketten, Fisch in Salzkruste sowie *alheira* (portugiesische Wurst).

4 **ROGÉRIO DO REDONDO**

Rua Joaquim António de Aguiar 19
Bonfim ⑥
+351 91 803 3067

Es gibt einen guten Grund, warum im Rogério do Redondo bereits fast alle Präsidenten Portugals eingekehrt sind. Das Restaurant ist berühmt für seine schnörkellose Interpretation der nordportugiesischen Küche, wobei besonders Wert gelegt wird auf die Verwendung hochwertiger Zutaten.

5 **O ANTÓNIO**

Rua Oscar da Silva 2681
Leça da Palmeira, Matosinhos ⑨
+351 22 996 0741
oantonio restaurante.com

Wie gut ein traditionelles portugiesisches Restaurant ist, erkennt man meist anhand der Anzahl von Geschäftsleuten, die hier zu Mittag essen. Das O António ist der perfekte Beleg für diese These. Es liegt ein wenig abseits, doch Spezialitäten wie Oktopus vom Grill oder das Lamm lohnen den weiten Weg. Der *abade de priscos* (Karamellpudding) ist einfach köstlich.

5 Restaurants für

ESSEN WIE BEI MUTTERN

6 **CASA NANDA**
Rua da Alegria 394
Bonfim ⑥
+351 22 537 0575

Dieses gastliche Familienrestaurant bietet echte Hausmacherküche. Eine Spezialität sind die sehr traditionellen *filetes de pescada*. Die Seehechtfilets, in geschlagenem Ei gebraten und mit Reis und Bohnen serviert, zählen zu den besten der Stadt.

7 **ADEGA SÃO NICOLAU**
Rua de São Nicolau 1
São Nicolau ④
+351 22 200 8232

Das Adega São Nicolau kochte authentische portugiesische Gaumenfreuden schon lange bevor das Flussviertel Ribeira zum Touristenmagnet wurde. Die Handvoll Tische auf der Terrasse des hübschen Restaurants bieten Ausblicke über den Douro. Die *bolinhos de bacalhau* (Kabeljaukroketten) sind sehr zu empfehlen.

8 **ADEGA VILA MEÃ**
Rua dos Caldeireiros 62
Vitória ②
+351 22 208 2967

Dieses Lokal ist über 100 Jahre alt und wird seit gut einem halben Jahrhundert von Familie Santos (Herz und Seele des Restaurants) geführt. Die entzückende Einrichtung besteht aus *azulejos* und Wänden voller Gegenstände. Beginnen Sie mit Räucherschinken und Schafskäse – doch Achtung: Die *doses* (Portionen) sind riesig!

9 ABADIA

Rua do Ateneu
Comercial do Porto 22
Santo Ildefonso ③
+351 22 200 8757
abadiadoporto.com

Das im historischen Zentrum gelegene Abadia ist eine Institution in Porto. Die Speisekarte bietet eine fabelhafte Auswahl aller regionalen Klassiker, darunter verschiedene Kabeljau-Gerichte. Die *pataniscas* (Kabeljau-Küchlein) mit roten Bohnen und Reis sind exzellent. Das Restaurant ist meist gut besucht, aber groß, eine Reservierung also nicht notwendig.

10 TABERNA DE SANTO ANTÓNIO

Rua das Virtudes 32
Miragaia ④
+351 22 205 5306

In Nachbarschaft zum Jardim das Virtudes finden Sie diese nette kleine *tasca*. Hier gibt es garantiert immer erstklassige Hausmacherkost zu günstigen Preisen und dazu noch einen freundlichen, relaxten Service. Die Besitzerin Dona Herminia führt dieses Lokal mit Stolz und Wärme. Die Spezialitäten wechseln täglich. Die Schokomousse ist unvergleichlich.

6 CASA NANDA

5 *Restaurants für*

FRISCHEN FISCH

11 **SALTA O MURO**

Rua Heróis de França 386
Matosinhos ⑨
+351 22 938 0870
saltaomuro.pt

Für den frischesten Fisch der Stadt machen Sie sich am besten auf in die Rua Heróis de França im Stadtteil Matosinhos, wo sich ein wichtiger Seehafen befindet. Hier gibt es jede Menge Restaurants mit Terrassen, die in die verführerischsten Grilldüfte gehüllt sind. Zu den Spezialitäten dieser reizenden *tasca* zählen frische und saftige Weißfische wie der vor Ort gefangene *rodovalho* (Glattbutt).

14 TABERNA SÃO PEDRO

12 CASA MARIAZINHA

Avenida Serpa Pinto 290
Matosinhos ⑨
+351 22 938 4615

Die Casa Mariazinha hat eine tolle Familienatmosphäre. Hier treffen sich gern die Einheimischen, um gemeinsam frischen Fisch und Meeresfrüchte zu genießen. Stellen Sie sich also auf fröhlichen Lärm ein! Gegenüber gibt es eine weitere Mariazinha desselben Besitzers, etwas kleiner.

13 O VALENTIM

Rua Heróis de França 263
Matosinhos ⑨
+351 22 938 8015
ovalentim.com

Ebenfalls ein erstklassiges Restaurant in der Fischstraße von Matosinhos, ein bisschen edler als die anderen, dennoch mit einer schnörkellosen, echt portugiesischen Küche. Der Fisch, der hier auf glühenden Kohlen perfekt zubereitet wird, kann in warmen Sommernächten unter freiem Himmel verspeist werden.

14 TABERNA SÃO PEDRO

Rua Vasco da Gama 126
São Pedro da Afurada, Vila Nova de Gaia ⑪
+351 91 546 5918

Eine unscheinbare authentische Taverne im Fischerdörfchen Afurada in Gaia, wo frisch gefangener Fisch und Meeresfrüchte direkt an der Straße auf Holzkohle gegrillt werden. Auch die selbst gemachte *leite creme* (die portugiesische Antwort auf *Crème brûlée*) ist unbeschreiblich.

15 CASA DA GURIPA

Travessa de Angeiras 20
Lavra, Matosinhos ⑨
+351 91 060 9228

Dieses Restaurant mit Beach-House-Flair befindet sich im Zentrum des malerischen Fischerdorfs Angeiras direkt neben dem Markt mit den allerfrischesten Lebensmitteln. Die Speisekarte von Helder Rego und Luiz Andrade hält zahlreiche schmackhafte und kreative Fisch- und Meeresfrüchte-Tapas aus ganz Portugal bereit.

5 traditionelle marisqueiras für MEERESFRÜCHTE-FANS

16 **A MARISQUEIRA DE MATOSINHOS**
Rua Roberto Ivens 717
Matosinhos ⑨
+351 22 938 1763
amarisqueiradematosinhos.com

Diese am Hafen gelegene *marisqueira* (Meeresfrüchte-Restaurant) zählt zu den besten in Porto. Erst kürzlich renoviert, bestimmen dennoch eine altmodische Atmosphäre und enorme Salzwasseraquarien das Bild. Die Klientel ist gemischt – von Geschäftsleuten zu Mittag bis hin zu romantischen Pärchen am Abend.

17 **OS LUSÍADAS**
Rua de Tomás Ribeiro 257
Matosinhos ⑨
+351 22 937 8242
restaurantelusiadas.com

Eine weitere Meeresfrüchte-Institution in Matosinhos: Auf den *Azulejo*-Wandkacheln findet man Malereien und Auszüge aus den »Lusiaden«, einem alten portugiesischen Epos von Luís Vaz de Camões. Das Essen ist von allerfeinster Qualität – Tipp: der Wolfsbarsch in Salzkruste.

18 **O GAVETO**
Rua Roberto Ivens 824
Matosinhos ⑨
+351 22 937 8796
ogaveto.com

Das seit 1984 von Chefkoch Humberto Alonso geführte O Gaveto befindet sich in einem auffälligen Gebäude an einem Kreisverkehr mit großen gotischen Buchstaben über der Tür. Zu den Spezialitäten zählt das herzhafte *açorda* mit Reis und Hummer.

19 **MARISQUEIRA ANTIGA**

Rua Roberto Ivens 628
Matosinhos ⑨
+351 22 938 0660
esplanada marisqueira.com

Das in Strandnähe in Matosinhos gelegene Marisqueira Antiga ist seit 1957 im Geschäft und damit eine der ältesten *marisqueiras* in Porto. Nicht ganz billig, doch dafür bekommt man hier garantiert den besten Fisch und köstliche Meeresfrüchte. Die Einheimischen schwören auch auf das Steak mit traditioneller Sauce … und natürlich auf die göttlichen Nachspeisen.

20 **MARUJO**

Rua de Tomás Ribeiro 284
Matosinhos ⑨
+351 22 400 1940
marujomarisqueira.com

Diese große *marisqueira* existiert seit 1978. Hier findet man eigentlich immer einen Tisch. Das Restaurant ist auch beliebt für den Außer-Haus-Verkauf. Nicht selten stehen hier die Einheimischen Schlange, um etwas mit nach Hause zu nehmen.

16 A MARISQUEIRA DE MATOSINHOS

5 gepflegte Restaurants
IN VORORTEN

21 **TREZE**
Rua da Cerca 440
Foz do Douro ⑧
+351 22 618 9074

Ein typisches Vorort-Restaurant im Herzen von Foz, modern eingerichtet und mit einladender Terrasse. Werktags ist das Mittagsmenü beliebt – für etwa 10 Euro gibt es meistens eine Suppe, ein Hauptgericht mit Fleisch oder Fisch und ein Getränk. Sonntags serviert man hier den traditionellen Eintopf *cozido à portuguesa*.

22 **A CAPOEIRA**
Esplanada do Castelo 63
Foz do Douro ⑧
+351 22 618 1589

Dieses gemütlich-rustikale Restaurant befindet sich direkt gegenüber vom Forte de São João da Foz do Douro und ist bei seinen Nachbarn seit 30 Jahren sehr beliebt. Die authentische Küche und der aufmerksame, freundliche Service sorgen dafür, dass man gern wiederkommt. Am besten wählen Sie das Tagesgericht.

23 **PARQUE DA AGUDA**
Avenida Gomes Guerra 721
Arcozelo, Vila Nova de Gaia ⑪
+351 22 762 2929

Besitzer und Chefkoch Xica Bessa serviert hier köstliche und herzliche Gerichte der portugiesischen Küche. Das Restaurant ist so gemütlich, dass viele Kunden regelmäßig einkehren. Der kleine Spielplatz draußen im Parque da Aguda ist darüber hinaus bei Familien ein Renner. Im Winter lockt ein großer offener Kamin.

24 O CARAÇAS

Rua das Taipas 27
São Nicolau ④
+351 22 201 7179

Dieses herzliche, familiengeführte Lokal bietet jeden Tag zwei, drei wechselnde Gerichte, also keine feste Speisekarte. Der Wein wird in der Karaffe serviert und ist sehr günstig. Hinterm Haus versteckt sich eine Terrasse, von wo aus man einen tollen Blick über die Stadt hat.

25 A MARGARIDA

Rua do Castelo 59
Leça da Palmeira, Matosinhos ⑨
+351 22 996 1402

Das traditionelle Restaurant ist bei einheimischen Familien äußerst beliebt. Es befindet sich im Schatten der Festung von Leça da Palmeira in Matosinhos und ist berühmt für seine leckere *açorda de marisco*, ein rustikales Gericht aus Brot, Knoblauch, pochierten Eiern und Meeresfrüchten. Hier serviert man es in einem frisch gebackenen Brot.

22 A CAPOEIRA

5 *Restaurants mit*
COOLEM FLAIR

26 **FLOW RESTAURANT & BAR**
Rua da Conceição 63
Vitória ②
+351 22 205 4016
flowrestaurant.pt

Das von den Freunden Ricardo Graça Moura und Paulo Freire gegründete Flow ist Restaurant und Bar zugleich. Das hübsche neuarabische Gebäude mit atemberaubendem Atrium vermittelt ein exotisches, nahöstliches Flair und brummt jeden Abend vor Aktivität. Die kreative Speisekarte erkundet sowohl mediterrane Geschmacksnoten als auch Sushi.

27 **CAFEÍNA**
Rua do Padrão 100
Foz do Douro ⑧
+351 22 610 8059
cafeina.pt

Dieses Restaurant in Foz besteht aus zwei eleganten Räumen und befindet sich in einem altehrwürdigen, gelb gefliesten Stadthaus. Die Gerichte aus ganz Europa haben portugiesische Anklänge, die Weinkarte ist hervorragend. Seit seiner Gründung in den 90er-Jahren hat sich das Cafeína im Viertel zur bevorzugten Wahl für besondere Anlässe entwickelt. Auch heute noch lockt das anspruchsvolle, gleichzeitig aber coole Ambiente.

27 CAFEÍNA

28 MISTU

28 MISTU

Rua do Comércio do Porto 161
São Nicolau ④
+351 92 668 2620
mistu.pt

Das MISTU ist eines der coolsten Restaurants der Stadt. Beim Betreten wird man gleich von einem auffällig großen Foto willkommen geheißen (was wir damit meinen, werden Sie sicher selbst erkennen!). Die Küche rundet die Aromen Asiens und Südamerikas mit einer Prise Portugal ab. Das *dulce de leche fondant* ist einfach göttlich.

29 CANTINA 32

Rua das Flores 32
Sé ④
+351 22 203 9069
cantina32.com

Ein angesagtes und fotogenes Restaurant, das portugiesische Klassiker kredenzt, zum Beispiel *bacalhau à bráz* (eingesalzener Kabeljau mit Bratkartoffeln und Ei), Portos berühmten Kutteleintopf sowie einige kreativere Optionen. Alles hier ist fantastisch, auch der Wein. Vegetarier kommen ebenfalls auf ihre Kosten. Als Nachspeise empfehlen wir den Zartbitter-Schokokuchen, dessen Preis sich übrigens nach Länge berechnet.

30 ATREVO

Rua do Morgado de Mateus 49
Bonfim ⑥
+351 96 822 6456
atrevo.pt

Tânia Durão ist eine bahnbrechende Köchin aus Portugal. Ihr raffiniertes Verkostungsmenü ist eine einzigartige Komposition aus Geschmacksnoten, Texturen und Farben. Fisch und Meeresfrüchte überwiegen, aber für Vegetarier können die Speisen auch angepasst werden. Wenn Sie ein edles Essen in legerer Atmosphäre suchen, sind Sie hier genau richtig.

5 *Gastro-Adressen*
ZUM PRASSEN

31 **PEDRO LEMOS**
Rua do Padre Luís Cabral 974
Foz do Douro ⑧
+351 22 011 5986
pedrolemos.net

Pedro Lemos' Großvater war Fischer. Als dessen Enkel legt er heute so großen Wert auf frische Zutaten, dass er gelegentlich um fünf Uhr morgens aufsteht, um der Rückkehr der Fischerflotte beizuwohnen. Auf dem kleinen Dach des Restaurants ist ein Biogarten, aus dem sich der Koch gern bedient. 2014 erhielt Porto dank dieses passionierten Küchenchefs seinen ersten Michelin-Stern.

32 **THE YEATMAN GASTRONOMIC RESTAURANT**
Rua do Choupelo
Santa Marinha,
Vila Nova de Gaia ⑪
+351 22 013 3100
the-yeatman-hotel.com

Wenn man den besten Panoramablick auf Porto mit zwei Michelin-Sternen kombiniert, kommt ein unvergessliches Restauranterlebnis heraus. Abwechslungsreich und kreativ werden von Chefkoch Ricardo Costa superfrische Spezialitäten der Region zubereitet. Das wohl teuerste Etablissement der Stadt, aber wenn Sie die Spendierhosen anhaben, ist es zweifellos die ideale Wahl. Am besten einen Tisch am Fenster reservieren.

33 **CASA DE CHÁ DA BOA NOVA**

Rua da Boa Nova
Leça da Palmeira, Matosinhos ⑨
+351 22 994 0066
casadechadaboanova.pt

Die Atmosphäre dieses 60-Jahre-Baus des Architekten Álvaro Siza ist kaum zu übertreffen. Das Casa de Chá da Boa Nova thront auf den Felsen über dem Strand in Leça. Die bodentiefen Fenster erlauben einen herrlichen Blick übers Meer. Chefkoch Rui Paulas Kreationen sind eine einzige Huldigung an die See und einfach göttlich. Das Restaurant ist mit zwei Michelin-Sternen ausgezeichnet.

34 **ANTIQVVM**

Rua de Entre-Quintas 220
Massarelos ⑦
+351 22 600 0445
antiqvvm.pt

Der Portugiese Vitor Matos hat ein modernes multisensorisches Restaurant für eine mediterrane Küche mit internationalen Einflüssen geschaffen. Es befindet sich in einem Anwesen aus dem 19. Jahrhundert, Quinta da Macieirinha, das lieblich eingebettet in hübschen Gärten liegt. Antiqvvm wurde mit einem Michelin-Stern ausgezeichnet.

35 **EUSKALDUNA STUDIO**

Rua de Santo Ildefonso 404
Bonfim ⑥
+351 93 533 5301
euskaldunastudio.pt

Der Jungkoch Vasco Coelho Santos lässt gern seine Erfahrungen, die er im Baskenland sammeln konnte, in seine Kochkunst einfließen. Das Essen im Euskalduna Studio ist kreativ und international. Die geschmackvolle Einrichtung transportiert den Gast auf direktem Wege nach Japan. Genießen Sie Ihre Mahlzeit an der langen Steintheke mit Blick in die offene Küche – ein unvergessliches Erlebnis!

5

GEMÜTLICHE *Restaurants*

36 **ESQUINA DO AVESSO**
Rua Santa Catarina 102
Leça da Palmeira, Matosinhos ⑨
+351 91 228 6521
esquinadoavesso.pt

Der Name des im recht obskuren Leça da Palmeira gelegenen Esquina do Avesso bedeutet übersetzt in etwa »Ecke des Innen-nach-außen«, wahrscheinlich eine Anspielung auf die knappe, doch innovative Speisekarte und das gemütliche Ambiente. Serviert wird eine Art Edeltapas, die sich überwiegend an den besten Produkten der Saison orientieren.

36 ESQUINA DO AVESSO

40 ALMEJA

37 **CASA ABERTA**

Rua do Padre Luís Cabral 1080
Foz do Douro ⑧
+351 91 596 3272

Leicht versteckt gelegen in Foz Velha, dem älteren, dorfähnlichen Teil von Foz, bietet die Casa Aberta (das »Offene Haus«) köstliche Snacks und Bratengerichte an. Die Atmosphäre ist sehr einladend. Das Restaurant ist behaglich eingerichtet und verfügt über einen winzigen Innenhof.

38 **TRAÇA**

Largo São Domingos 88
São Nicolau ④
+351 22 208 1065
restaurantetraca.com

Die Fassade und die Fliesenböden lassen erahnen, dass sich hier früher eine Drogerie befunden haben muss. Im Traça dreht sich alles um die Küche Iberiens. Die hausgemachten Mahlzeiten bieten genau das richtige Maß an Finesse, unter anderem viele vortreffliche Wildgerichte.

39 **LESSA**

Rua Santos Lessa 129
Leça da Palmeira
Matosinhos ⑨
+351 22 114 1045

Das Lessa ist ein kleines Restaurant mit Platz für etwas mehr als ein Dutzend Gäste. Das sorgt für ein besonders intimes Erlebnis mit Chefkoch André Pinto Baptista und seinem Team, die verspielt-moderne Spezialitäten der landeseigenen Küche sowie köstliche Interpretationen von Ceviche und Tatar servieren.

40 **ALMEJA**

Rua de Fernandes Tomás 819
Santo Ildefonso ③
+351 22 203 8120
almejaporto.com

Almeja ist das erste Restaurant des kreativen Jungkochs João Cura. Das innovative Essen orientiert sich an den Jahreszeiten und dem regionalen Angebot der Landwirte der Umgebung. Mosaikböden, rustikale Granitwände, warmes Licht und das Holzmobiliar sorgen für ein kuscheliges, nostalgisches Ambiente.

5 *Orte, wo man wie ein Portugiese die* **SPEISEN TEILEN** *kann*

41 **REITORIA**
Rua de Sá de Noronha 33
Vitória ②
+351 92 760 8628
reitoria.pt

Eine Weinstube für einen geselligen Abend. Freunde können sich hier etwas teilen, etwa eine der zwölf Focaccia-Variationen, köstliche Antipasti oder *ovos rotos* (zerbrochene Eier) – abgerundet mit einer Flasche Wein. Die gemütliche Terrasse im Innenhof und die Tische unter freiem Himmel sind dafür genau das Richtige.

41 REITORIA

42 **TAPABENTO**
Rua da Madeira 222
Sé ④
+351 91 288 1272
tapabento.com

Das Tapabento ist derart erstklassig, dass man gern ein zweites Mal einkehrt, um sich durch den Rest des Angebots zu essen. Einer der Höhepunkte sind die Schwertmuscheln mit Knoblauch, Koriander und Zitrone. Reservierung ist dringend angeraten!

43 **PISCA**
Rua do Passeio Alegre 294
Foz do Douro ⑧
+351 931 960 877
restaurantepisca.com

Die schattige Restaurantterrasse des Pisca, die die Flussmündung überblickt, ist ein beliebter Treffpunkt für Einheimische, die sich hier bei Drinks und Häppchen gern am Sonnenuntergang erfreuen. Doch auch die obere Etage, rustikal, aber doch modern eingerichtet, wartet mit einem umwerfenden Ausblick auf.

44 **CASA VASCO**
Rua do Padrão 152
Foz do Douro ⑧
+351 22 618 0602
casavasco.pt

Ein gemütliches, legeres Nachbarschaftslokal, ideal für das gemeinsame Genießen von Speisen bei einem guten Gläschen Wein. Das Angebot umfasst portugiesische Tapas sowie Gerichte aus aller Welt, darunter Tatar, Tacos und Carpaccio-Variationen.

45 **CASA DE PASTO DA PALMEIRA**
Rua do Passeio Alegre 450
Foz do Douro ⑧
+351 91 107 4336

Das Casa de Pasto da Palmeira ist eines der Restaurants, wo man problemlos seine Freunde treffen kann, um dann bei Tapas und Drinks bis spät in die Nacht den neuesten Tratsch auszutauschen. Innen ist die Ausstattung ein wenig schrill; die kleine Terrasse draußen überblickt idyllisch die Flussmündung.

5 Orte für eine

MAHLZEIT AM WASSER

46 **BOCCA**

IM: JARDIM DE SOBREIRAS

Rua do Passeio Alegre 3
Foz do Douro ⑧
+351 22 617 0004
bocca.eatkitch.com

Dieses italienische Restaurant mit riesiger Glasfront ist sehr beliebt. An sonnigen Tagen kann man prima draußen essen; den Sonnenuntergang gibt es als Bonus obendrauf. Probieren Sie die Steinofen-Pizza und arbeiten Sie sich dabei durch das fantastische Weinangebot.

47 **LAPA LAPA**

Avenida do Brasil / Praia do Molhe
Nevogilde ⑧
+351 96 141 4131

Die Terrasse dieses Restaurants ist im Kolonialstil gehalten, der Innenraum überblickt den Atlantik. Auf der Speisekarte findet sich für jeden etwas, von Meeresfrüchte über Fleisch, gesunde Bowls, Tatar und Pizza bis zu ausgefeilteren Gerichten wie dem selbst gemachten *muxama de atum* (geräucherter Thunfisch), eine Spezialität der Algarve.

48 **ZIZI**

Rua do Mar 261
Arcozelo,
Vila Nova de Gaia ⑪
+351 22 762 0728
zizi.pt

Das Zizi befindet sich am Sandstrand von Aguda an der Südspitze von Vila Nova de Gaia, fernab der üblichen Touristenströme. Die Terrasse hat Meerblick – der perfekte Rahmen für die Gerichte, vor allem lokaler Fisch und Meeresfrüchte.

49 CIAO BELLA!

Rua do Mar 293
Arcozelo,
Vila Nova de Gaia ⑪
+351 22 762 7273

Das Ciao Bella! am Strand von Aguda ist eine hervorragende Wahl für alle, die eine Pizza unter freiem Himmel mit Meerblick genießen möchten. An heißen Sommertagen ist hier ordentlich was los, aber das macht den Reiz dieses Lokals aus. Die zwei alten Fischerhütten, in denen sich das Restaurant befindet, wurden von den Besitzern ansprechend restauriert.

50 CASARIO

Praça da Ribeira /
Viela do Buraco 19
São Nicolau ④
+351 22 766 2270
grancruzhouse.pt

Das Casario findet man in bester Lage im Uferviertel Ribeira. Es bietet Tische drinnen wie draußen sowie eines der romantischsten Panoramen über den Douro. Die lokaltypischen Gerichte haben eine kreativ-gastronomische Note und verwenden vor allem hochwertige Zutaten aus der Umgebung. Dazu gibt es tolle Weine.

47 LAPA LAPA

5 *Orte für*

TYPISCHE PETISCOS

51 **TABERNA FOLIAS DE BACO**
Rua dos Caldeireiros 136
Vitória ②
+351 22 320 5226
tabernafoliasde baco.com

Nur wenige Schritte hinter dem Torre dos Clérigos befindet sich dieses gemütliche Lokal – eine ausgezeichnete Wahl für alle, die sich durch typische *petiscos* (portugiesische Tapas) probieren möchten. Diese umfassen nicht nur Käse und Wurst, sondern auch andere Leckerbissen aus dem Norden Portugals. Ein Highlight: die erlesenen Weine aus der Douro-Region, die vom Besitzer Tiago Sampaio selbst angebaut werden.

51 TABERNA FOLIAS DE BACO

52 TABERNA CAIS DAS PEDRAS

Rua de Monchique 66–68
Massarelos ⑦
+351 91 316 4584

Diese familiär geführte *taberna* liegt direkt am Fluss. Auf der bescheidenen Speisekarte stehen typische, preiswerte *petiscos*, zum Beispiel regionaler Käse, gegrillte Chorizo, *pataniscas de bacalhau* (Kabeljau-Pfannkuchen) oder Reis mit Bohnen. An warmen Tagen ideal zum Draußen-Essen.

53 LAREIRA

Rua das Oliveiras 8
Vitória ②
+351 22 208 0917
restaurantelareira.pt

Seit 1984 erfreut man sich hier an leckeren und günstigen *petiscos*. Die Auswahl ist klassisch, zum Beispiel *caldo verde* (Grünkohl- und Chorizosuppe), Schweinebraten-Sandwich, *prego* (Steak-Sandwich) und Platten mit Käse (Tipp: *serra da estrela*) oder Schinken. Vor Kurzem wurde ein weiteres Lokal in Serralves eröffnet.

54 TÁBUA RASA

Rua da Picaria 68
Vitória ②
+351 22 319 7789
tabua-rasa.com

Tábua Rasa bedeutet »sauberer Schiefer«, ein passender Name für dieses Lokal, denn hier sucht sich der Gast eine Platte nach Größe aus, die er dann mit seinen Lieblingsleckereien vollhäufen kann. Das Käsesortiment ist beeindruckend. Chorizo, *alheira* (portugiesische Wurst) und die ausgesuchten Fleischwaren sind top.

55 TABERNA DO LARGO

Largo São Domingos 69
São Nicolau ④
+351 22 208 2154

Das Taberna do Largo arbeitet mit kleinen Produzenten aus Portugal zusammen. Es gibt Spezialitäten, die in Porto noch recht unbekannt sind. Probieren Sie *muxama* (geräucherten Thunfisch aus der Algarve) und den warmen Schafskäse aus Alcains, mit Olivenöl und Kräutern verfeinert.

5 *sagenhaft*
PREISWERTE LOKALE

56 **CASA GUEDES**
Praça dos Poveiros 130
Santo Ildefonso ③
+351 22 200 2874
casaguedes.pt

Die Casa Guedes ist schon seit über 30 Jahren im Geschäft. Hierher geht man für das beste *sandes de pernil* (Schweinebraten-Sandwich) der Stadt. Leisten Sie sich ein Upgrade: Bestellen Sie sich dazu *queijo* Serra da Estrela (Schafskäse) und spülen Sie alles mit dem Hauswein runter.

57 **CERVEJARIA GAZELA**
Travessa Cimo de Vila 4–10
Sé ④
+351 22 205 4869
cervejariagazela.pt

Seit 1962 ist die winzige *cervejaria* das beliebteste Hotdog-Restaurant Portos. Die leckeren *cachorrinhos* bestehen aus würziger Wurst, die in knusprigem Brot mit Käse überbacken und anschließend in mundgerechte Stücke zerteilt wird. Dazu passen Fritten und ein kaltes *fino* (Bier vom Fass).

58 **TASCA DA BADALHOCA**
Rua Dr. Alberto de Macedo 437
Ramalde ⑤
+351 22 618 5325

Diese legendäre *tasca*, seit 120 Jahren in Familienbesitz, wird heute von Fußballfan Sra. Lurdes geführt, die die Wände mit Souvenirs ihres Lokalvereins Boavista FC zugepflastert hat. Die Sandwiches werden mit selbst gebackenem Krustenbrot zubereitet. Die Räucherschinken-Version *presunto* passt perfekt zu einem Rosé vom Fass.

59 **PEDRO DOS FRANGOS**

Rua do Bonjardim 223-312
Santo Ildefonso ③
+351 22 200 8522
pedrodosfrangos.pt

Der »Peter der Hühner« (so die wörtliche Übersetzung für Pedro dos Frangos) ist ein traditionelles *Churrascaria*-Grillrestaurant, das seit über 50 Jahren *Piri-piri*-Grillhähnchen anbietet. Die Einheimischen stehen Schlange, um etwas für die Familienmahlzeit mit nach Hause zu nehmen. Ein anspruchsloses Restaurant, was den Großteil seines Charmes ausmacht.

60 **O FORNO DO LEITÃO DO ZÉ**

Praça do Bom Sucesso 132
Massarelos ⑦
+351 22 099 4965

Es sind die Spanferkel-Sandwiches, die dafür sorgen, dass sich vor diesem Stand auf dem Bom-Sucesso-Markt oft eine Warteschlange bildet. Spanferkel ist ein typisches, überall im Land beliebtes Gericht aus der Region Bairrada. Hier gibt es das Ganze als Sandwich mit Pommes für um die 6 Euro.

56 CASA GUEDES

5 klassische Imbisse für FRANCESINHAS

61 **CUFRA**
Avenida da Boavista 2504
Ramalde ⑤
+351 22 617 2715
cufra.pt

Einige *Francesinhas*-Fans schwören auf diese Institution in Porto, denn man verwendet hier statt Steak Bratenfleisch – eine Wahl, die häufig zu Diskussionen führt. Die altmodische Atmosphäre, die Holzvertäfelung und die großen Fernseher, über die Fußballspiele flimmern, sorgen für unverwechselbaren Charme.

62 **CAFÉ SANTIAGO**
Rua de Passos Manuel 226
Santo Ildefonso ③
+351 22 205 5797
cafesantiago.pt

Die Schlange vor der Tür lässt erahnen, dass das Café Santiago kein echter Geheimtipp mehr ist, aber auch heute noch eine der besten Adressen in Porto für eine *francesinha*. Ein herrlich unkompliziertes Lokal, wo man den Köchen hinter der Theke bei der Arbeit zusehen kann.

63 **CERVEJARIA BRASÃO**
Rua de Ramalho Ortigão 28
Santo Ildefonso ③
+351 93 415 8672
brasao.pt

Alle, die nicht gern Fleisch essen, werden sich freuen zu hören, dass man in der Cervejaria Brasão auch leckere *francesinha* für Vegetarier erhält – aus Grillgemüse, Tofuwurst, viel Schmelzkäse und einer Sauce, die leicht vom Original abweicht, aber nicht weniger schmackhaft ist.

64 BUFETE FASE

Rua de Santa Catarina 1147
Santo Ildefonso ③
+351 22 205 2118

Eines der Restaurants, die auf den ersten Blick nach nicht viel aussehen, aber in Wahrheit ein echter Schatz sind. Hier gibt es nur eine Sache: *francesinha*, die Senhor José mit äußerster Sorgfalt zubereitet. Statt zahlreicher Variationen werden sie hier nur nach Art des Hauses zubereitet (Schärfegrad je nach Geschmack) und mit Pommes serviert.

65 CAPA NEGRA II

Rua do Campo Alegre 191
Massarelos ⑦
+351 22 607 8380
capanegra.com

Das nostalgische Neonschild über dieser *cervejaria* ist ein Hinweis darauf, dass der Imbiss seit den 1970er-Jahren existiert. Jeder *portuense* hat schon mal davon gehört. Obwohl die Speisekarte umfangreich ist, kommt man vor allem wegen des Steak-*francesinhas* hierher. Als Vorspeise empfehlen wir die warmen Fleisch-*rissoís* (halbmondförmige Kroketten).

64 BUFETE FASE

5 *Restaurants für* VEGETARIER

66 **MANNA**
Rua da Conceição 60
Cedofeita ①
+351 22 316 1536
mannaporto.com

Hélder und Sara haben ihr Leben radikal umgekrempelt, um diesen ganzheitlichen Ruhepol im Herzen der Stadt zu schaffen. Das Essen ist gesund, biologisch angebaut und saisonal. Außerdem gibt es portugiesische Bioweine, lokal gebrautes Bier und Zeitschriften zum Thema Achtsamkeit. Im hinteren Bereich erwarten Sie ein Meditationsbereich und ein Yogastudio.

66 MANNA

67 GAO

Rua Godinho 866
Matosinhos ⑨
+351 93 568 1523
gaorestaurante.pt

Bei GAO gibt es köstliche gesunde Säfte und preiswertes veganes *comfort food*, darunter Abwandlungen einheimischer Klassiker wie *francesinhas, seitanas* (traditionelle Steak-Sandwiches, aber mit Seitan) und *bacalhau à brás* (mit Lauch statt Kabeljau). Das Interieur und der hübsche Garten sind ruhig und minimalistisch gehalten.

68 KIND KITCHEN

Rua do
Bonjardim 302
Santo Ildefonso ③
+351 22 113 0928

Die Schwestern Ana und Eva träumten davon, zusammen ein Restaurant zu eröffnen; als beide Veganerinnen wurden, wurde ihr Traum Wirklichkeit. Das in der Innenstadt von Porto angesiedelte Restaurant serviert schlichte, aber leckere vegane Gerichte aus frischen Zutaten, von Falafel über den selbst gemachten Burger bis hin zu Buddha-Bowls.

69 DATERRA FOZ DO DOURO

Rua de Sobreiras 514
Lordelo do Ouro ⑦
+351 22 616 1257
daterra.pt

Da terra bedeutet »von der Erde« und steht in der Schreibweise daTerra für eine portugiesische Restaurantkette mit pflanzenbasierter Kost, die preiswerte Büfetts für Frühstück, Mittag- und Abendessen anbieten. Die Desserts sind herausragend. Die Filiale bei Foz hat Ausblick auf den Fluss.

70 ÁRVORE DO MUNDO

Rua do Duque
de Loulé 228
Sé ④
+351 22 324 4513

Dieses gemütlich-fröhliche Restaurant bietet nahrhafte und gleichzeitig spannende Gerichte in behaglicher Atmosphäre. Das Mittagsmenü für 10 Euro pro Person besteht aus Vorspeise, Suppe, Hauptgericht und einem Getränk.

5 Orte für Liebhaber von
FLEISCHGERICHTEN

71 **MUU STEAKHOUSE**
Rua do Almada 149-A
Vitória ②
+351 91 478 4032
muusteakhouse.com

Fleischliebhaber werden die große Auswahl lieben, darunter Rib-Eye-Steak, Tomahawk und Black Angus. Wählen Sie ein Stück aus und entscheiden Sie dann, ob gereift oder frisch. Das Steak wird perfekt zubereitet und hat ein herrliches Grillaroma. Für Vegetarier gibt es Alternativen.

72 **TERMINAL 4450**
Avenida Doutor Antunes Guimarães, Terminal 4450
Leça da Palmeira, Matosinhos ⑨
+351 91 985 1933
terminal4450.pt

Das im alten Passagierterminal des Leixões-Hafens in Leça gelegene Terminal 4450 ist bei all jenen beliebt, die ein gutes Steak zu schätzen wissen. T-Bone, Black Angus und Tomahawk sind nur einige Optionen. Hinzu kommt eine große Auswahl an Beilagen. Als Nachtisch empfehlen wir den berühmten *bola de Berlim* (eine Art Berliner mit Vanillepuddingfüllung).

73 **BELOS AIRES**
Rua de Belomonte 104
São Nicolau ④
+351 22 319 5661
belosaires.com

Das kleine Restaurant eines portugiesisch-argentinischen Ehepaars bietet Köstliches aus beiden Ländern, der Schwerpunkt liegt aber auf dem saftigen Fleisch, das mit klassischer *Chimichurri*-Sauce serviert wird. Auch empfehlenswert: der Malbec-Wein, die argentinischen *empanadas* und die *Dulce-de-leche*-Brownies.

74 **PREGAR**
Largo São Domingos 96
São Nicolau ④
+351 22 203 4153
pregar.eatbu.com

Ein modernes Restaurant im hübschen Largo São Domingos. Neben dem gemütlichen Innenbereich gibt es zusätzlich noch Tische draußen. Das Pregar ist nach den *pregos*, traditionellen portugiesischen Steak-Sandwiches, benannt. Und das ist genau das, was sie hier am besten können. Toll für einen schnellen Imbiss zwischendurch, wenn Sie in der Innenstadt Portos unterwegs sind.

75 **K.O.B BY OLIVIER, PORTO**
Rua Conde de Vizela 149
Vitória ②
+351 91 828 0080
restauranteskob.com

Der Name ist Programm: Die Abkürzung K.O.B. steht für *»knowledge of beef«*. Die beste Wahl für Fleischliebhaber, die gern gereifte Stücke aus den dafür bekanntesten Ländern genießen möchten, zum Beispiel aus den USA, Japan, Australien, Irland und Argentinien.

74 PREGAR

5 Restaurants mit toller
ASIATISCHER KÜCHE

76 **ICHIBAN**
Avenida do Brasil 454
Nevogilde ⑧
+351 93 404 4995
ichiban.pt

Ichiban bedeutet »eins« – und das Ichiban, direkt am Wasser und minimalistisch eingerichtet, könnte in der Tat die Nummer eins unter den japanischen Restaurants sein. Sushi und Sashimi werden aus dem frischesten Fisch zubereitet. Mittagskarte mit tollem Preis-Leistungs-Verhältnis.

77 **IKEDA**
Rua do Campo
Alegre 416
Massarelos ⑦
+351 915 499 363
ikeda.pt

Dieses raffinierte Restaurant ist wie ein Geschenk. Sushi und Sashimi sind Spitzenklasse. Dazu gibt es eine Auswahl an fantastischen warmen Spezialitäten aus Japan. Der Innenbereich ist in klar definierte Bereiche gegliedert: ein *izakaya*-inspirierter Bartresen, ein Raum mit 3000 *tsurus* (Origami) und ein Innenhof.

78 **SHIKO**
Rua do Sol 238
Sé ④
+351 22 323 9671

Das winzige SHIKO bezeichnet sich selbst als *izakaya* (eine Art relaxte japanische Taverne). Hier gibt es traditionelle Spezialitäten, etwa über offener Flamme gebratene Makrele, Fisch-*kimchi, okonomiyaki* (herzhafte Pfannkuchen) und Aubergine mit *Miso*-Glasur. Reservierung empfohlen!

79 **WISH**

Largo da Igreja da Foz 105–107
Foz do Douro ⑧
+351 91 237 5313
chefantoniovieira.com/wish/pt

Das Wish befindet sich an einem lauschigen Platz namens Largo da Igreja da Foz. An sonnigen Tagen lädt die hübsche Terrasse zum Sitzen ein, auch wenn es innen nicht weniger gemütlich ist. Neben dem hervorragenden Sushi erwartet den Gast hier eine raffinierte mediterrane Küche.

80 **BOA-BAO**

Rua da Picaria 61–65
Vitória ②
+351 91 004 3030
boabao.pt

Hier werden asiatische Fusion-Gerichte angeboten, von thailändisch bis japanisch. Wie der Name vermuten lässt, darf man sich die tollen Wolfsbarsch-*bao* nicht entgehen lassen, die in einem schwarzen Brötchen serviert werden. Aber Achtung: Die Portugiesen sind keine Fans würziger Küche. Wenn Sie Ihr Curry scharf mögen, machen Sie das beim Bestellen deutlich.

80 **BOA-BAO**

79 **WISH**

5
ITALIENISCHE *Restaurants*

81 **A DESPENSA**
Rua Conde de Vizela 141
Vitória ②
+351 93 396 2261
adespensa.business.site

Tolles, echt italienisches Essen in intimem Ambiente! Das Lokal von Elsa und Daniele Tarantino spiegelt bis in den letzten Winkel die Leidenschaft der Besitzer wider. Alles auf der Karte ist eine Versuchung wert, doch besonders der Burrata-Käse ist nicht von dieser Welt. Pastagerichte wie Tartufo bianco und Gorgonzola & Kakao haben hohes Suchtpotenzial. Keine Pizza!

84 CASA D'ORO

82 PURO 4050

Largo São Domingos 84
São Nicolau ④
+351 22 201 1852
puro4050.com

Die erste Mozzarella-Bar in Porto mit Fokus auf italienischen Spezialitäten, Focaccias, Dips und natürlich Käse. Der Burrata ist fantastisch. Im unteren Stock gibt es einen Raum mit einem riesigen Tisch, den man für Partys buchen oder mit anderen Gästen teilen kann.

83 PORTAROSSA

Rua de Côrte Real 289
Foz do Douro ⑧
+351 22 617 5286
portarossa.pt

Das Portarossa, ein italienisches Restaurant mit Holzofen, versteckt sich in einer ruhigen Straße in Foz do Douro. Im Winter sorgt das Aroma von Holz für ein gemütliches Ambiente, im Sommer punktet die einladende Terrasse. Die Trüffel-Pizza ist besonders gut.

84 CASA D'ORO

Rua do Ouro 797
Lordelo do Ouro ⑦
+351 22 610 6012
casadoro.pt

Das Casa d'Oro befindet sich in einem auffälligen Gebäude am Flussufer mit Blick auf die Ponte da Arrábida. Unten, auf Wasserhöhe, gibt es eine romantische Mahlzeit von der Karte, oben leckere Pizzen und eine eher relaxte Atmosphäre an geteilten Tischen. Je nach Wetter kann man auch draußen auf dem Balkon essen – ein unvergessliches Erlebnis.

85 CASA DA FOZ

Rua do Padre Luís Cabral 1150
Foz do Douro ⑧
+351 22 617 7636
casadafoz.pt

Ein kleines italienisches Lokal mit einer gemütlich-freundlichen Atmosphäre.
Das Angebot reicht von dünn-knusprigen Pizzen bis zu echt italienischer Pasta und erstklassigen Steaks. Es ist also nicht verwunderlich, dass die Casa da Foz seit ihrer Eröffnung vor 20 Jahren nie stillsteht.

5 Orte für ein TYPISCHES PORTO-FRÜHSTÜCK *oder* LANCHE

86 **PADARIA FORMOSA**
Rua de Gondarém 362
Foz do Douro ⑧
+351 22 618 0781
padariaformosa.com

Diese 1898 im Viertel Foz do Douro eröffnete Bäckerei zählt zu den ältesten in Porto. Viele Einheimische kommen täglich hierher, um Brot zu kaufen. An Tischen drinnen und draußen kann man Kaffee und Backwaren genießen.

87 **CONFEITARIA PETÚLIA**
Rua de Júlio Dinis 775
Massarelos ⑦
+351 22 606 6181
petulia.pt

Schon beim Betreten werden Sie von einem riesigen Angebot an leckeren *fabrico próprio* (selbst gemachten) süßen und herzhaften Köstlichkeiten begrüßt. Croissants, *empadas* (Pasteten), *lanches* (weiche Brötchen mit Schinken, Chorizo und Käse), *bolas de Berlim* (Berliner) und *biscoitos húngaros* (halb in Schokolade getunkte Plätzchen) zählen zu den Dauerbrennern.

88 **TAVI – CONFEITARIA DA FOZ**
Rua da Sra. da Luz 363
Foz do Douro ⑧
+351 22 618 0152
tavi.pt

Das Tavi in Foz ist ein Hit bei Einheimischen, die gern bei Meerblick ihr Frühstück einnehmen. Hier wird alles selbst gebacken. Und es gibt auf der Karte viel mehr als nur das portugiesische Standardfrühstück, so etwa Eierspeisen und *scones*.

89 **CONFEITARIA DOCE MAR**
Avenida do Brasil 519
Nevogilde ⑧
+351 22 618 4522

Diese Institution in Foz war früher die Topwahl für Croissants. Viele *portuenses* teilen mit dieser *confeitaria* warme Kindheitserinnerungen. Heute gibt es viele weitere tolle Bäckereien in der Stadt, aber die Doce-Mar-Croissants-Rezeptur mit buttrigem Teig und köstlicher Kruste bleibt unübertroffen. Die Einheimischen lieben es eher schlicht: frisch aus dem Ofen oder getoastet mit Schinken und Käse.

90 **PADARIA RIBEIRO**
Praça Guilherme Gomes Fernandes 21–27
Vitória ②
+351 22 200 5067
padariaribeiro.com

Die *portuenses* finden es klasse, wenn sie in ihrer Lieblingsbäckerei/-konditorei ihr Frühstück oder eine *lanche* (Nachmittagssnack) einnehmen können. Die 1878 eröffnete Padaria Ribeiro ist dafür eine gute Adresse. Speziell die Croissants sind sagenhaft lecker. »Croissants?«, werden Sie jetzt vielleicht fragen. Die portugiesische Variante ist dichter und süßer als die französische. Frische, warme Croissants für zu Hause mitzunehmen, ist »typisch Porto«.

86 PADARIA FORMOSA

5 Adressen für
NASCHKATZEN

91 **LEITARIA DA QUINTA DO PAÇO**
Praça Guilherme Gomes Fernandes 47
Vitória ②
+351 22 208 4696
leitariadaquintadopaco.com

Éclairs – eine französische Erfindung – haben die Portugiesen vor langer Zeit für sich adoptiert. Die klassische Version mit Sahne und Schokolade gibt es fast überall zu kaufen. Die Besten finden Sie in der Leitaria da Quinta do Paço, und das seit 1920. Wenn Sie sich nicht für eine Geschmacksrichtung entscheiden können, probieren Sie die niedlichen Mini-Éclairs.

92 **MANTEIGARIA**
Rua dos Clérigos 37
Vitória ②
+351 22 208 2582

Die typisch portugiesischen Puddingtörtchen wurden angeblich in Lissabon erfunden. Die bekannteste Variante heißt *pasteís de belém*. In Porto findet man die *pasteís de nata* überall. Probieren Sie sie warm aus dem Ofen kommend bei Manteigaria, abgerundet mit einem Hauch Zimt.

93 **CONFEITARIA PORTO RICO**
Rua de Oliveira Monteiro 497
Cedofeita ①
+351 22 600 2221

Ein Geheimtipp für alle, die echt portugiesisches Gebäck probieren möchten. Verkosten Sie unbedingt ein von Hand gemachtes *jesuíta*, ein Blätterteigtäschchen mit Zuckerkruste, am besten zusammen mit einer Tasse *café* (Espresso).

94 BRIGADÃO!

IM: MERCADO DA FOZ DO DOURO, LOJA 12
Rua de Diu 391
Foz do Douro ⑧
+351 22 610 3164
brigadao.pt

Dieser Marktstand im kleinen und hübschen Mercado da Foz ist spezialisiert auf *brigadeiros*, eine der beliebtesten Süßigkeiten hierzulande (das Rezept stammt allerdings aus Brasilien). Die golfballgroßen Kugeln sind aus gesüßter Kondensmilch und Kakao und werden in Schokostreusel gerollt. Bei Brigadão! gibt es eine Riesenauswahl davon, und ein Hingucker sind sie obendrein.

95 GELATARIA SINCELO

Rua de Ceuta 54
Vitória ②
+351 22 200 4725
gelatariasincelo.com

Dieses Eiscafé in der Rua de Ceuta befindet sich seit seiner Eröffnung 1980 immer noch am selben Platz. Die Eiscreme wird aufwendig vor Ort aus ausschließlich frischen Zutaten hergestellt. Wählen Sie aus 30 köstlichen Sorten und genießen Sie sie im Becher, mit Waffel, Crêpe oder Pfannkuchen.

92 MANTEIGARIA

98 **MERCADO DA FOZ DO DOURO**

5 der besten

LEBENSMITTEL-MÄRKTE

96 **MERCADO DO BOLHÃO**
Rua Formosa
Santo Ildefonso ③
+351 22 332 6024
mercadobolhao.pt

Seit 1910 wird auf dem zweigeschossigen Bolhão-Markt vor allem mit Frischwaren wie Fleisch, Fisch, Gemüse, Obst und Blumen gehandelt. Die kultige und geschäftige Markthalle strahlt mit dem vielen Schmiedeeisen einen neoklassizistischen Charme aus. 2018 wurde sie für Renovierungsarbeiten geschlossen. Die Wiedereröffnung ist für 2022 geplant.

97 **MERCADO BOM SUCESSO**
Praça do Bom Sucesso 74–90
Massarelos ⑦
+351 22 605 6610
mercadobomsucesso.pt

Das Gebäude, in dem der Markt untergebracht ist, wurde 1949 eröffnet und ist ein tolles Beispiel für moderne Architektur in Porto. Hier kommen traditionelle Stände für Lebensmittel sowie ein Gastronomiebereich mit 44 Anbietern zusammen. Auf den ersten Blick macht der Markt vielleicht nicht viel her, aber einige Händler wie Paupério (Kekse) und die Confeitaria Moura (Gebäck) sind wahre Schätze.

98 **MERCADO DA FOZ DO DOURO**
Rua de Diu 391
Foz do Douro ⑧
+351 22 617 6836

Diesen winzigen Markt gibt es schon seit 1944. Hier finden Sie sowohl frische Lebensmittel als auch kleine Imbissstände mit Sitzen drinnen und draußen. Zu den Lieblingsständen zählen Peco no Mercado (Pizza) und die Hamburgeria do Mercado (Burger). Täglich außer sonntags von 7 bis 19 Uhr geöffnet.

99 **O BERDINHO – MERCADO RURAL**
IM: CENTRO COMERCIAL BOMBARDA, LOJA 26
Rua de Miguel Bombarda 285
Cedofeita ①

Auf diesem kleinen Markt werden tolle saisonale Bioprodukte und Lebensmittel angeboten, die nach traditionellen Methoden von Hand hergestellt werden. Berdinho, inspiriert von Bauernmärkten in anderen Städten, verfolgt das Ziel, Landwirte aus dem Umland mit der Stadtbevölkerung zusammenzuführen. Markttag ist samstags von 12 bis 19 Uhr im Einkaufszentrum Miguel Bombarda.

100 **MERCADO BEIRA-RIO**
Avenida de Ramos Pinto 4400
Santa Marinha, Vila Nova de Gaia ⑪
+351 93 041 5404
mercadobeirario.pt

Dieser historische Markt in Vila Nova de Gaia (Gründungsjahr 1937) wurde erst vor Kurzem aufwendig renoviert, was die ursprünglich rosafarbene Fassade wieder zum Vorschein gebracht hat. Jetzt haben sich zu den Ständen, die hier zuvor bereits Frischwaren wie Gemüse, Fleisch, Fisch und Blumen verkauft haben, Restaurants und mehrere Imbissstände hinzugesellt.

5 *authentische*
FEINKOSTLÄDEN

101 **AUGUSTO DA FOZ**
Rua do Passeio
Alegre 924
Foz do Douro ⑧
+351 22 618 0301
augustofoz.com

Das Augusto da Foz ist der älteste Feinkostladen in Foz und auf zwei Gebäude verteilt: das Hauptgeschäft für Lebensmittel mit einer Theke für Käsespezialitäten und Räucherwurst und nebenan einen ausgezeichneten Weinfachhandel, wo sogar Flaschen aus dem frühen 19. Jahrhundert angeboten werden, ebenso wie Spitzenweine, Spirituosen und Champagner.

102 **CASA LOURENÇO**
Rua do Bonjardim 417
Santo Ildefonso ③
+351 22 200 6462
casalourenco.com.pt

Die Casa Lourenço ist seit über hundert Jahren auf edle Käsesorten, *presunto* (Räucherschinken) und diverse Wurstwaren spezialisiert. Drinnen mag es zwar ein wenig klein und eng sein, doch die Regale sind bis unter die Decke mit Köstlichkeiten gefüllt, auch mit Wein. Das Gebäude, in dem sich das Geschäft befindet, ist mit seiner geschwungenen Fliesenfassade eine wahre Augenfreude.

103 **A FAVORITA DO BOLHÃO**

Rua de Fernandes Tomás 783
Santo Ildefonso ③
+351 22 200 1624

Dieses Delikatessengeschäft der alten Schule hat sich seit seiner Eröffnung im Jahr 1934 in Portos Innenstadt glücklicherweise nicht stark verändert. Nach wie vor wird hier beinah alles *avulso* (nach Gewicht) verkauft, darunter eine große Auswahl an Nüssen, Trockenobst, Mehl und Gewürzen. Ebenfalls im Angebot sind Käse, Wurst, Wein, Spirituosen und Eingemachtes.

104 **A PÉROLA DO BOLHÃO**

Rua Formosa 279
Santo Ildefonso ③
+351 22 200 4009

»Bolhãos Perle«, wie man übersetzt sagt, ist tatsächlich eine der bedeutendsten Perlen in Porto. Der 1917 eröffnete Feinkostladen begann sein Dasein als Geschäft für Tee, Kaffee und Gewürze. Das Angebot wurde seitdem erweitert. Die prachtvolle Art-déco-Fassade ist äußerst fotogen.

105 **CASA NATAL**

Rua de Fernandes Tomás 833
Santo Ildefonso ③
+351 22 205 2537

Seit 1900 kann man in der hübschen Casa Natal die erlesensten Lebensmittel erstehen. Auf Lager sind immer hochwertiger *bacalhau* (eingesalzener Kabeljau) sowie ein tolles Sortiment an Weinen (auch Portwein), Nüssen, Gewürzen, Trockenobst und einheimischen Dauerwaren.

103 A FAVORITA DO BOLHÃO

5 NICHT ALLTÄGLICHE SPEZIALITÄTEN,

die man probieren sollte

106 **FRANCESINHAS**

Die verrückteste Erfindung Portos ist wohl das *francesinha* (kleiner Franzose): ein Sandwich, das aussieht wie ein weiterentwickeltes *Croque Monsieur*, mit Fleisch belegt (u. a. Steak, Schinken, Wurst), mit Käse überbacken und mit der Sauce des Hauses serviert. Einige Imbissbuden bieten Varianten und Beilagen wie Garnelen und Spiegelei an. Es gibt sogar vegetarische Alternativen. Ein tolles Katerfrühstück, aber nichts für schwache Herzen.

107 **RISSOL**

Rissóis (Einzahl: *rissol*) zählen zu den beliebtesten Snacks in Portugal. Die kleinen frittierten Gebäckkugeln sind meist herzhaft mit Fleisch oder Garnelen gefüllt. Zu jeder Zeit eine tolle Zwischenmahlzeit.

108 **BACALHAU À BRÁS**

In Portugal gibt es Hunderte regionale Rezepte, um *bacalhau* zuzubereiten, doch *bacalhau à brás* ist überall beliebt und unvergleichlich. Stellen Sie sich gesalzenen Kabeljau vor mit superdünnen Fritten, Rührei, schwarzen Oliven und Petersilie.

109 TRIPAS À MODA DO PORTO / KUTTELEINTOPF

Der Legende nach wurde das Rezept 1414 während der Regierungszeit des Infante Dom Henrique entwickelt, als jener die gesamte Bürgerschaft Portos dazu aufrief, für eine Expedition all ihre Fleischvorräte vorbeizubringen. Die Bürger waren so großzügig, dass am Ende nur Kutteln übrig blieben. Nun waren die *portuenses* gezwungen, etwas Anständiges daraus zu kochen. Der Eintopf besteht aus Fleisch, Kutteln, Wurst und weißen Bohnen.

110 PÃO DE LÓ

Diese goldene Biskuittorte aus Portugal wird seit mehr als 200 Jahren gern zu festlichen Anlässen gereicht. Einige Bäckereien verkaufen sie das ganze Jahr über, und manchmal kann man sie auch in traditionellen Restaurants finden. Es gibt zwei Varianten: feucht oder trocken. Die feuchte Version ist mit einer zähen Eiercreme gefüllt … pure Sünde!

106 FRANCESINHAS

50 ORTE FÜR DRINKS UND PARTYS

5 *Bars, wo man* WIE EIN EINHEIMISCHER TRINKT

111 **CAFÉ CANDELABRO**
Rua da Conceição 3
Vitória ②
cafecandelabro.com

Dies ist eine dieser Bars, wo man problemlos von einem relaxten Nachmittagsdrink übergehen kann zu einem anregenden Gespräch mit den Tischnachbarn, das sich dann bis spät in die Nacht dahinzieht. Das Interieur hat einen einladenden Retro-Chic, und von der Terrasse aus kann man prima bei einem Gläschen Portwein die Passanten beobachten.

111 CAFÉ CANDELABRO

112 CASA DO LIVRO

Rua da Galeria de Paris 85
Vitória ②
+351 22 202 5101

Diese stimmungsvolle Kneipe war einst eine beliebte Buchhandlung. Ihre Eröffnung 2007 trug erheblich dazu bei, das Viertel wiederzubeleben. An Werktagen ist es sehr entspannt, doch am Wochenende verwandelt sich der Laden zu später Stunde in eine lebhafte Bar mit Disco.

113 ALMA

Rua da Galeria de Paris 75
Vitória ②
+351 93 692 2681

Das Alma, portugiesisch für »Seele«, ist eine kleine Bar mit coolem Ambiente im beliebten Ausgehviertel um die Rua da Galeria de Paris. Musikmäßig ist hier immer was los dank der Gäste-DJs, die elektronische Musik oder Rock auflegen. Hier kann man hervorragend die Nacht einläuten.

114 CLUBE PORTO RUGBY

IM: ATENEU COMERCIAL DO PORTO
Rua de Passos Manuel 40
Santo Ildefonso ③
+351 91 208 0150

Eine authentische Sportlerbar, wo Freunde zusammenkommen, um Fußball- und Rugbyspiele zu gucken. Die Inneneinrichtung mit den historischen Sportfotografien entlang der Wände hat jede Menge Charakter. Es gibt einen Snooker-Tisch und eine Dartscheibe. Wer mitmachen möchte, muss für 1 Euro eine Tagesmitgliedschaft erwerben.

115 BONAPARTE FOZ

Avenida do Brasil 130
Foz do Douro ⑧
+351 22 618 8404

Diese familiär geführte Kneipe am Meer hat sich seit 1973, als der deutsche Auswanderer Klaus Teichgräber Porto zu seinem neuen Zuhause erkor, zu einem Lieblingstreffpunkt im Viertel entwickelt: auf einen relaxten Drink, zum Fußballgucken oder für ein leckeres Steak-Sandwich.

5 *Orte mit* **HÜBSCHEM AUSSENBEREICH**

116 **PRAIA DA LUZ**
Avenida do Brasil
Foz do Douro ⑧
+351 22 617 3234

Dieses etablierte Lokal mit großer Terrasse befindet sich direkt am Strand. Der Service ist wechselhaft, aber der magische Sonnenuntergang mit Drink in der Hand lässt einen das schnell vergessen. An Sommerabenden ist hier oft Partystimmung.

117 **ADUELA**
Rua das Oliveiras 36
Vitória ②
+351 22 208 4398

Das von Einheimischen gern frequentierte Lokal ist vor allem wegen der kleinen plaza-artigen Terrasse beliebt und Tag und Nacht empfehlenswert. Abends ist es hier immer brechend voll, die Atmosphäre gesellig und stressfrei. Es gibt eine tolle Auswahl an Wein, Bier und Snacks zu sehr vernünftigen Preisen.

118 **BASE**
AM: PRAÇA DE LISBOA
Rua das Carmelitas 151
Vitória ②
+351 91 107 6920
baseporto.com

Das Base ist wie eine große Terrasse in bester Lage. Es befindet sich auf dem grünen Hügel des Jardim das Oliveiras und wird von historischen Bauwerken und Denkmälern umschlossen. Der Ausblick auf den Torre dos Clérigos ist atemberaubend. DJs, Sitzsäcke und jede Menge ruhige Ecken zum Entspannen.

119 ROTA DO CHÁ

Rua de Miguel Bombarda 457
Cedofeita ①
+351 22 013 6726
rotadocha.com

Das Teehaus, in einem prachtvollen Stadthaus aus dem 19. Jahrhundert untergebracht, war einer der ersten Künstlerorte, die sich in dem heutigen Trendviertel Miguel Bombarda etabliert haben. Es gibt eine umfangreiche Auswahl an Tees aus aller Welt, hausgebackene Kuchen, eine fernöstliche Atmosphäre und einen nicht einsichtigen großen Garten. Zu jeder Tageszeit perfekt, um mal runterzukommen.

120 KUG

Rua de Dom Manuel II 178
Massarelos ⑦
+351 22 099 3829

Das strahlend helle »Kitchen & Urban Garden« (KUG) befindet sich – wie der Name vermuten lässt – in einem riesigen verborgenen Garten im Herzen von Porto. Die von Michelin-Chefkoch Rui Paula konzipierte Speisekarte ist voller Wohlfühlgerichte, die ganz ausgezeichnet schmecken, egal zu welcher Tageszeit.

117 ADUELA

5 Orte für
DRINKS *und* SNACKS

121 **BONAPARTE DOWNTOWN**
Praça Guilherme Gomes Fernandes 40
Vitória ②
+351 22 096 2852

Diese Kneipe ist 30 Jahre jünger als ihr großer Bruder Bonaparte Foz, doch sie steht ihm in puncto Charme und Snacks in nichts nach. Pedro und Claudia, die Kinder von Klaus Teichgräber, einem deutschen Auswanderer und Inhaber des Bonaparte Foz, hatten die Idee, eine zweite Kneipe in Portos Innenstadt zu eröffnen und sie mit den Antiquitäten ihres Vaters zu füllen.

121 BONAPARTE DOWNTOWN

122 **BOP CAFÉ**

Rua da Firmeza 575
Santo Ildefonso ③
+351 22 200 1732
bop.pt

Die Café-Bar im Erdgeschoss des berühmten Palácio do Comércio hat eine Fassade aus den 1940er-Jahren mit leuchtendem Retro-Schild über der Tür, das schlicht »CAFÉ« sagt. Hinterm Tresen sind 3500 Vinyl-Schallplatten aufgereiht, die man sich ausleihen und auf einem der Schallplattenspieler anhören kann.

123 **VÍCIOS DE MESA**

IM: MAUS HÁBITOS
Rua de Passos Manuel 178, 4. Stock
Santo Ildefonso ③
+351 93 720 2918
maushabitos.com/restaurant

Dieses Pizzarestaurant kann man jederzeit aufsuchen, selbst wenn man nur einen Drink möchte. Es befindet sich in dem hippen, industriell gestalteten Mehrzweck-Kulturzentrum Maus Hábitos. Vom Fenster aus hat man einen tollen Blick auf das kultige Coliseu (Konzerthaus) und die Besucherströme.

124 **BAR TOLO**

Rua da Senhora da Luz 185
Foz do Douro ⑧
+351 22 493 8987

Wenn Sie in Foz nach einer Adresse für Drinks und Snacks suchen, liegen Sie mit der Bar Tolo genau richtig. Hier erwarten Sie eine einladende Atmosphäre und köstliche *petiscos* (portugiesische Häppchen). Es gibt eine Terrasse, eine Bar, ein Restaurant und eine bezaubernde Dachterrasse.

125 **CLUBE 21-FOCO**

Rua Afonso Lopes Vieira 162
Ramalde ⑤
+351 22 609 5123

Ein Besuch dieser Restaurant-Bar ist wie eine Zeitreise. Über TV-Bildschirme flimmern Fußballspiele, während die Gäste in diner-ähnlichen, dämmrigen Sitznischen trinken, essen und rauchen. Stammkunden kommen seit den 1980er-Jahren hierher. Bis 2 Uhr nachts geöffnet.

5 Bars mit ATEMBERAUBENDEM AUSBLICK

126 **DICK'S BAR**
IM: THE YEATMAN HOTEL
Rua do Choupelo
Santa Marinha,
Vila Nova de Gaia ⑪
+351 22 013 3100
the-yeatman-hotel.com

Der Brite Dick Yeatman war eine bekannte Persönlichkeit in der Welt des Portweinhandels. Diese nach ihm benannte Bar gehört zu Portos luxuriösestem Hotel, The Yeatman. Es befindet sich in Gaia auf einer Anhöhe. Von der Terrasse aus genießt man den besten Blick auf den Douro und die Innenstadt.

127 **GUINDALENSE F. C.**
Escadas dos
Guindais
Sé ④
+351 22 203 4246

Das sehr bescheidene Lokal liegt im Schatten der mittelalterlichen Stadtmauer (Muralha Fernandina) und gehört dem ansässigen Fußballclub Guindalense. Der Ausblick auf Fluss und Brücke ist wirklich etwas Besonderes. Wenn Sie die Anstrengung nicht scheuen, gelangen Sie vom Flussufer aus über steile Gassen zu Fuß hierher – ein unvergesslicher Aufstieg. Alternativ fährt auch eine Standseilbahn.

129 **BAR PONTE PÊNSIL**

127 **GUINDALENSE F. C.**

128 ERA UMA VEZ NO PORTO

Rua das Carmelitas 162
Vitória ②
+351 22 202 2240

Diese kleine Bar liegt neben der Buchhandlung Lello, ist allerdings leicht zu übersehen. Der fantastische Balkon blickt auf den Turm Torre dos Clérigos. Die nostalgisch eingerichtete Bar ist bis spät in die Nacht geöffnet und bietet wechselnde DJs, Livemusik und ein relaxtcooles Ambiente.

129 BAR PONTE PÊNSIL

Rua de Cima do Muro 27
Sé ④
+351 91 763 9489
barpontepensil.com

Die einzigartige Terrassenbar befindet sich auf den Fundamentruinen der alten Ponte Pênsil, die 1887 nach Eröffnung der Ponte Dom Luís I wenige Meter weiter abgerissen wurde. Die Bar Ponte Pênsil darf sich mit einem bildschönen Blick auf das Flussufer brüsten – und der Sonnenuntergang hier ist einfach unschlagbar.

130 ANGEL'S SHARE WINE BAR

IM: WORLD OF WINE
Rua do Choupelo 39
Santa Marinha, Vila Nova de Gaia ⑪
+351 22 012 1200
wow.pt

Vergessen Sie nicht, sich nach dem Besuch von World of Wine in Gaia einen Drink in der Angel's Share Wine Bar zu gönnen. Die Bar hat einen herrlichen Blick auf den Douro. Die ausgesuchten Weine im Glas lassen sich wunderbar mit den angebotenen Wurst- und Käseplatten kombinieren.

5 tolle Adressen für einen KAFFEE

131 **ÉPOCA PORTO**
Rua do Rosário 22
Miragaia ④
+351 91 373 2038

Als sie in Skandinavien lebten, haben sich die Inhaber Liliana und Tiago von der dortigen Kaffeekultur inspirieren lassen. Deshalb hat ihr Café in diesem kreativen Viertel eine solch minimalistisch-nordische Ästhetik. Die Speisekarte ist vegetarisch mit regionalen und größtenteils biologisch angebauten Zutaten. Perfekt für eine gemütliche Tasse Kaffee, während man durch eine der Indie-Zeitschriften blättert.

132 **FÁBRICA COFFEE ROASTERS**
Rua de José Falcão 122
Vitória ②
+351 22 409 7824
fabricacoffee roasters.com

Das Fábrica Coffee Roasters ist ein cooles Café mit einem einladenden Garten. Hier röstet man die 100-prozentigen Arabicabohnen, die aus Ländern wie Brasilien, Äthiopien und Kolumbien stammen, von Hand. Auf Wunsch kann man seine Lieblingssorte auch mit nach Hause nehmen. Wer möchte, lässt sich den Kaffee mit alternativen Methoden wie AeroPress, V60, Kalita oder Chemex aufbrühen.

131 ÉPOCA PORTO

135 EARLY

133 NICOLAU PORTO

Largo de Alberto Pimentel 4
Cedofeita ①
+351 22 208 2406
ilovenicolau.com

Bei Nicolau serviert man den wohl attraktivsten Brunch der Stadt, von kunstvoll aufgetürmten Pfannkuchen und hübsch präsentierten Eierspeisen bis hin zu bunten Salaten und leckeren Bowls. Die Inneneinrichtung ist hip und hell: von der Decke hängende Pflanzen und bodentiefe Fenster, die sich bei gutem Wetter zur Terrasse und zur Straße hin öffnen.

134 COMBI COFFEE

Rua do Morgado de Mateus 29
Bonfim ⑥
+351 92 944 4939
combi-coffee.com

In diesem coolen Café samt Kaffeerösterei können Sie Kaffee aus Bohnen genießen, die aus den verschiedensten Regionen stammen. Die Gründer Gonçalo, Francisco und João begannen ihr Kaffeeabenteuer mit einem alten limettengrünen Kleinbus, der damals durch die gesamte Stadt tingelte. Heute ist das angesagte Bonfim-Viertel ihre Heimat.

135 EARLY

Rua dos Bragas 374
Cedofeita ①
+351 22 112 4203
early.pt

Hübsche Brunch-Teller, erstklassiger Kaffee und Spezialgetränke, alles von einem talentierten Team aus Experten zubereitet. Ein wenig teurer als andere, dafür aber mit einem hochklassigen Angebot an Getränken und Speisen, insbesondere wenn man auf der Suche nach dem perfekten Flat White ist.

5

OLD SCHOOL CAFÉS

136 **MAJESTIC CAFÉ**
Rua Santa Catarina 112
Santo Ildefonso ③
+351 22 200 3887
cafemajestic.com

Portos bekanntestes Café ist zwar kein Geheimtipp, aber einfach atemberaubend. Portugiesen wie Touristen stehen Schlange, um den prachtvollen Glanz der Belle Époque zu erleben. Das Majestic Café wurde 1921 eröffnet und war einst ein Treffpunkt für Intellektuelle, Künstler und Damen aus der Oberschicht.

137 **CONFEITARIA DO BOLHÃO**
Rua Formosa 339
Santo Ildefonso ③
+351 22 339 5220
confeitaria dobolhao.com

Diese klassische Bäckerei im Herzen von Porto hat sich seit ihrer Eröffnung 1896 kaum verändert. Schon beim Betreten fallen einem die köstlichen portugiesischen Kuchen sowie die süßen und herzhaften Pasteten auf. Im hinteren Teil gibt es ein herrlich altmodisches Café mit Spiegelwänden im Stil des Art déco.

138 **CAFÉ GUARANY**
Avenida dos Aliados 85–89
Santo Ildefonso ③
+351 22 332 1272
cafeguarany.com

Ein prächtiges Café, das die Atmosphäre der 1930er-Jahre wiederauferstehen lässt. Hier finden Kulturveranstaltungen wie Fado-Nächte, Poesielesungen und Klavierkonzerte statt. Unter demselben Management wie das Majestic, nur ruhiger.

139 CAFÉ ÂNCORA D'OURO – ALIAS PIOLHO

Praça de Parada Leitão 45
Vitória ②
+351 22 200 3749
cafepiolho.com

Die Einheimischen kennen das Café Âncora D'Ouro unter seinem Spitznamen »Piolho« (Laus). Das Café im Herzen von Porto ist eine wahre Institution. An den Wänden haben sich die Studenten der benachbarten Uni, die hier seit der Eröffnung 1909 einkehren, verewigt. Abends ist das »Piolho« oft der erste Treffpunkt einer langen Partynacht.

140 CAFÉ MOREIRA

Rua da Senhora da Luz 306
Foz do Douro ⑧
+351 22 618 4877

Dieses beliebte Nachbarschaftslokal wurde 1964 eröffnet und soll das älteste Café im Strandvorort Foz sein. Seit Generationen trifft man sich hier auf einen kurzen Schwatz zu einer Tasse *cimbalino* (Espresso). Die *queques* (Muffins) sind superlecker, besonders, wenn sie gerade warm aus dem Ofen kommen.

137 CONFEITARIA DO BOLHÃO

5 *Orte für*
WEIN *und* COCKTAILS

141 **BIG BAD BANK BAR**
IN DER: ZERO BOX LODGE
Rua do Ateneu
Comercial do Porto 13
Santo Ildefonso ③
+351 96 155 5162
porto.thezerohotels.com

Die Big Bad Bank Bar gehört zum skurrilen Zero Box Lodge Hotel und war einst ein Bankhaus samt Tresorraum. Das weitläufige Lokal ist dämmrig ausgeleuchtet, hat unverputzte Wände, eine Retro-Einrichtung, Neonschilder und bequeme Sofas. Hier genießt man, weit entfernt von den lärmenden Kneipen der Innenstadt, professionell gemixte Cocktails.

141 BIG BAD BANK BAR

142 **CAPELA INCOMUM**
Travessa do Carregal 77
Miragaia ④
+351 22 201 1849

Der Name bedeutet »ungewöhnliche Kapelle«. Und das passt, inklusive Altar. Die Weinstube ist über 500 Jahre alt. Hier können Sie die lokalen Weine kleiner Produzenten verkosten und dazu ein paar köstliche *petiscos* genießen.

143 **PROVA**
Rua de Ferreira Borges 86
São Nicolau ④
+351 91 649 9121
prova.com.pt

Prova bedeutet »probieren« – und das sollten Sie hier mit den Weinen Portugals tun. Die entzückende Weinstube war die Idee von Weinliebhaber und Sommelier Diogo Amado. Die meisten Weine können im Glas bestellt werden, aber es gibt auch Weinverkostungen. Ein gemütliches Lokal mit Jazzmusik und leckeren *petiscos*.

144 **TERRAPLANA**
Avenida de Rodrigues de Freitas 287
Bonfim ⑥
terraplanacafe.com

Die Fassade dieses hübschen Stadthauses aus dem 19. Jahrhundert lässt es nicht erahnen, doch auf der Rückseite verbirgt sich eine Terrasse, die sich perfekt zum Einfangen von ein paar Sonnenstrahlen eignet. Drinnen erwartet den Gast eine freundlich-dämmrige Bar. Die Cocktails sind Spitzenklasse, ebenso die Pizzen.

145 **THE ROYAL COCKTAIL CLUB**
Rua da Fábrica 105
Vitória ②
+351 22 205 9123

Hier können Sie sich darauf verlassen, dass Ihnen nur die allerbesten Cocktails serviert werden. Die Bartender sind top ausgebildet und kennen nicht nur die Klassiker, sondern warten auch mit eigenen Kreationen auf. Die elegante Bar ist in einem ehemaligen Gebäude der Bankengewerkschaft untergebracht.

5 tolle Kneipen für ein

BIER

146 **APURO**
Rua do Breiner 236
Cedofeita ①
+351 22 402 4756
oapuro.pt

Neben einer niedlichen schwarzen Katze, die frei herumläuft, erwarten den Gast hier eine tolle Auswahl an portugiesischen Craft-Bieren, vom Fass oder aus der Flasche, sowie einige nicht minder interessante Importe. Die veganen Burger und Hotdogs sind sehr lecker, sollten Sie bei all dem Bier ein wenig Hunger verspüren.

147 **FÁBRICA NORTADA**
Rua de Sá da Bandeira 210
Santo Ildefonso ③
+351 22 018 1000

Cerveja Nortada ist eine Biermarke aus Porto, die Tiago Talone und Pedro Mota entwickelt haben. Dieses großräumige Etablissement ist sowohl Brauerei als auch Bar und Restaurant. Probieren Sie sich durch die Biere und schauen Sie dabei dem Brauvorgang zu. Über die Großbildschirme flackern häufig Fußballspiele.

148 **LETRARIA – CRAFT BEER GARDEN**
Rua da Alegria 101
Santo Ildefonso ③
+351 22 323 5186
cervejaletra.pt

Ein relaxter Biergarten mit einer Auswahl an über 100 Bieren, darunter 20 vom Fass. Unter den zahlreichen Sorten befinden sich erstklassige Pils-Varianten, Starkbiere, IPAs, belgisches dunkles Ale und Weißbier. Dazu gibt es Snacks und Sandwiches.

149 IBAR PRAIA DO AQUÁRIO

Avenida de Montevideu 516
Nevogilde ⑧
+351 22 618 1847

Diese Bar befindet sich direkt auf den Felsen am Strand von Aquário in Foz do Douro. Sie hat sowohl eine Terrasse mit Tischen als auch einen Bereich mit Liegestühlen. Die Ibar ist einer der besten Plätze, um bei einem Bier den Sonnenuntergang zu genießen.

150 MIRAJAZZ

Escadas do Caminho Novo 11
Miragaia ④

Haben Sie den versteckten Eingang gefunden, begeben Sie sich am besten gleich die Treppe hinauf zum Dach. Die Einrichtung ist zwar schlicht, aber es gibt einen Außenbereich mit sehr schönem Ausblick. Die Karte umfasst lokale Biersorten, eine große Weinauswahl und Snacks. Gelegentlich finden hier Live-Jazzkonzerte statt.

149 IBAR PRAIA DO AQUÁRIO

5
ALTERNATIVE IDEEN
fürs Nachtleben

151 **PASSOS MANUEL**
IM: COLISEU DO PORTO
Rua de Passos Manuel 137
Santo Ildefonso ③
+351 22 205 8351

Im alten Vorführraum des Coliseu zieht das restaurierte Kino mit Bar und Disco vor allem eine coole kreative Klientel an. Das Passos Manuel versprüht selbst heute noch Jugendstilcharme – perfekt für Musikkonzerte und Aufführungen. Am Wochenende kann es auf der Tanzfläche ziemlich voll werden.

152 **MAUS HÁBITOS**

152 **MAUS HÁBITOS**

Rua de Passos Manuel 178, 4. Etage
Santo Ildefonso ③
+351 93 720 2918
maushabitos.com

Gegenüber vom Coliseu im vierten Stock eines Art-déco-Gebäudes. Ein cooler Veranstaltungsort, für den Worte zu finden schwer ist. Hier kann man sich bei Tag oder Nacht mit Freunden treffen, Kunstwerke bestaunen, ein Konzert besuchen oder bis zum Morgengrauen durchtanzen.

153 **CAFÉ LUSITANO**

Rua de José Falcão 137
Vitória ②
+351 22 201 1067
cafelusitano.com

Elegante Räumlichkeiten in einem alten Warenhaus aus den 1950er-Jahren. Obwohl zuvorderst eine Gay-Bar, ist das Publikum bunt gemischt. Unter der Woche und früh am Abend ist das Ambiente entspannt und gemütlich, doch an den Wochenenden wird es brechend voll. Dann tanzt man hier bis 4 Uhr morgens zu den verschiedensten Musikstilen.

154 **CONCEIÇÃO 35**

Rua da Conceição 35
Vitória ②
+351 22 093 8034

Diese Gay-Bar, die auch Heteros willkommen heißt, vereint einen industriellen Retro-Look mit einer dämmrig-gemütlichen Atmosphäre. Später am Abend wird der hintere Raum in eine Tanzfläche umfunktioniert, auf der überwiegend zu elektronischer Musik getanzt wird. Die Gin Tonics sind Spitzenklasse.

155 **LABIRINTHO**

Rua de Nossa Senhora de Fátima 334
Cedofeita ①
+351 91 970 1490

Schon in den 90ern eine der coolsten Party-Adressen, hat sich selbst nach einigen Renovierungen daran nicht viel geändert. Es gibt verschiedene Chill-Bereiche, auch einen Garten. Das Publikum ist gemischt. Täglich bis 4 Uhr geöffnet.

5 coole Clubs zum TANZEN

156 **PLANO B**
Rua de Cândido dos Reis 30
Vitória ②
+351 22 201 2500
planobporto.com

Das Plano B war einst eine Kunstgalerie und ist heute einer der coolsten Nachtclubs nach 2 Uhr. Die Inneneinrichtung ist ein wenig verrückt. Es gibt zwei Ebenen und verschiedene Sitzecken sowie zwei Tanzflächen. Im Cube-Room wird das Beste aus dem Bereich elektronischer Musik gespielt, der andere Raum tendiert mehr in Richtung Pop.

157 **INDÚSTRIA**
IM: CENTRO COMERCIAL DA FOZ
Avenida do Brasil 843
Foz do Douro ⑧
+351 648 067 703
facebook.com/IndustriaClub/

Das 1986 in Foz eröffnete Indústria ist legendär. Viele Jahre sah man sich am Einlass mit einer schier endlos langen Warteschlange konfrontiert. Heute ist die Konkurrenz zwar größer, sodass man leichter reinkommt, dennoch zählt der Club weiterhin zu den besten der Stadt für elektronische Musik. Direkt am Meer gelegen, im Keller des kleinen Einkaufszentrums von Foz.

158 GARE PORTO

Rua da Madeira 182
Sé ④
+351 22 202 6030
gareporto.com

Dieser Underground-Club, eigentlich ein Tunnel, ist der Ort, wo Hardcore-Jünger der elektronischen Musik am liebsten tanzen gehen. An Freitagen wechseln sich DJs der Drum-and-Base- und der House-Szene ab, am Samstag dreht sich alles um Techno.

159 TENDINHA DOS CLÉRIGOS

Rua Conde de Vizela 80
Vitória ②
+351 93 334 7079
tendinha doscleriogos.com

Tendinha bedeutet »kleines Zelt«, passend für einen Club mit geringer Raumhöhe und Garagenatmosphäre. Viele Partygänger beschließen hier gut gelaunt ihre Nacht oder läuten den Morgen ein, je nachdem, wie man das betrachten will. Bis 7 Uhr in der Früh werden Rock und Electro-Pop gespielt. Der Eingang ist nicht leicht zu finden, also genau hinsehen.

160 PÉROLA NEGRA CLUB

Rua Gonçalo Cristóvão 288
Santo Ildefonso ③
+351 91 222 4095

In einem alten Cabaret- und Stripteaseclub untergebracht, mag sich zwar das Konzept gewandelt haben, aber nicht die glamouröse 1970er-Jahre-Einrichtung: rote Wände, Decken und Sofas, Tanzstangen und unzählige Spiegel. Ein facettenreiches *music venue* und ein Club, der gern von Portos Schickeria frequentiert wird. An Wochenenden von 23 bis 6 Uhr geöffnet.

85 ORTE ZUM EINKAUFEN

5 der besten Läden mit

PORTUGIESISCHEN WAREN

161 **DEPÓSITO DA MARINHA GRANDE**
Rua do Bonjardim 129–133
Santo Ildefonso ③
+351 22 203 0752
dmg.com.pt

Der Showroom verkauft Glas aus Marinha Grande, einer Stadt, die berühmt ist für mundgeblasene Glaswaren. Hier erhalten Sie Tassen und Krüge in zahlreichen Stilen und Farben, Geschirr der gefeierten Hersteller Bordallo Pinheiro und Vista Alegre und noch vieles mehr.

162 **BUREL PORTO**
Rua de Mouzinho da Silveira 83
Sé ④
+351 22 320 3798
burelfactory.com

Die perfekte Anlaufstelle für authentische, hochwertige Wollprodukte. Die Inhaber von Burel Mountain Originals haben eine alte Wollfabrik in Manteigas, im Herzen der Serra da Estrela, restauriert und produzieren nach traditionellen Herstellungsmethoden.

163 **ARCÁDIA**
Rua do Almada 63
Santo Ildefonso ③
+351 22 043 7310
arcadiachocolates.com

Diese kultige Schokoladenmarke wurde 1933 in Porto gegründet und ist heute ein Familienunternehmen in vierter Generation. Die köstlichen Spezialitäten werden handwerklich hergestellt. Die *bombons* und *línguas de gato* (Katzenzungen) werden gerne als Geschenk an Familienangehörige oder Freunde weitergereicht.

164 CLAUS PORTO

Rua das Flores 22
Sé ④
+351 91 429 0359
clausporto.com

Die Marke Claus erblickte 1887 in Porto das Licht der Welt. Hier werden tolle Seifen und Duftwässerchen nach traditionellen Verfahren hergestellt. Die Seifen sind individuell von Hand verpackt. Im oberen Stock gibt es ein kleines Museum, das die spannende Geschichte der Firma erzählt und die Entwicklung der Verpackungen zeigt. Eine tolle Inspirationsquelle für Grafikdesigner.

165 VISTA ALEGRE

Rua das Carmelitas 40
Vitória ②
+351 22 200 4554
vistaalegre.com

Das 1842 von José Ferreira Pinto Basto gegründete Vista Alegre war die erste Porzellanmanufaktur Portugals. Die heute weltberühmte Marke ist ein integraler Bestandteil der portugiesischen Identität. In vielen Familien werden Porzellan, Kristall, Glas und Geschirr von Vista Alegre als Erbstücke an die nächste Generation weitergereicht.

164 CLAUS PORTO

166 **RHINO HOME STORE**

5 tolle Geschäfte für HAUSHALTSARTIKEL

166 **RHINO HOME STORE**
Rua do Padrão 99
Nevogilde ⑧
+351 22 616 8021
rhinohomestore.com

Auf zwei Etagen in einem hübschen Stadthaus in Foz bietet das Rhino Home Store farbenfrohe Haushaltsartikel mit Ethno-Touch. Die Waren werden aus aller Welt zusammengetragen, doch es gibt auch Produkte aus Portugal wie die außergewöhnlichen Keramikwaren aus dem Atelier von Bordallo Pinheiro.

167 **BOA SAFRA**
Mercado do Bom Sucesso 102, 1. Stock
Massarelos ⑦
+351 91 746 9078
boasafra.pt

Jedes Jahr entwickelt und wählt Boa Safra (gute Ernte) neue Artikel aus, die von einheimischen Designern entworfen und aus natürlichen Materialien gefertigt werden. Das Hauptaugenmerk der stilvollen Möbel liegt auf Nachhaltigkeit, Funktion und eine schlichte, zeitlose Ästhetik. Es gibt auch die Möglichkeit der Maßanfertigung und einen Einrichtungsservice.

168 **GUR**

Rua Joaquim António Aguiar 65
Bonfim ⑥
rugbygur.com

Célia Esteves ist die Seele und der kreative Kopf von GUR, einer zeitgenössischen Designmarke, die ihre Inspiration in der hiesigen traditionellen Webindustrie findet. In Zusammenarbeit mit Künstlern und Illustratoren kreiert GUR extrem angesagte Webteppiche, die so fröhlich sind, dass man sie sich gern an die Wand hängt. Die Teppiche können auch personalisiert und individuell angepasst werden.

169 **Ó! CERÂMICA**

Rua Adolfo Casais Monteiro 61
Massarelos ⑦
+351 93 839 0575
ogaleria.com

Ema Ribeiro und Nuno Santos sind das Team hinter der Kunstgalerie Ó! Galeria, wo auch liebevoll ausgewählte Keramik (Ó! Cerâmica) von portugiesischen und ausländischen Künstlern ausgestellt und zum Verkauf angeboten werden. Wer selbst Hand anlegen möchte: Der dreistündige Workshop ist ein perfekter Einstieg.

170 **GOOD THINGS WILL HAPPEN SOON**

Rua do Rosário 281
Cedofeita ①
+351 93 485 2939

Ein Geschäft und ein Café mit einer kleinen Terrasse auf der Rückseite. Die kreative Inhaberin Joana kann mit den verrücktesten Ideen aufwarten. Hier verkauft sie ihre selbst entworfenen Produkte sowie andere sorgfältig ausgewählte Artikel. Zu den Highlights zählen die in limitierter Stückzahl bedruckten Schürzen und die Eierbecher in Tiergestalt.

5 *Händler für coole*
VINTAGE-SACHEN

171 **RAÚL SOUSA – ANTIQUÁRIO DO SÉCULO VINTE**
Rua do Almada 154
Santo Ildefonso ③
+351 91 616 6469
raulsousa.com

Raúl Sousa handelt mit zeitgenössischen Antiquitäten und ist ein allseits anerkannter Fachmann. Das Angebot an Schränken, Sesseln und Tischen der weltweit besten Designer wird hier ergänzt von einer fantastischen Auslese an Lampen, Spiegeln und anderen seltenen oder seltsamen Objekten wie alten Schallplattenspielern und Jukeboxen.

171 RAÚL SOUSA – ANTIQUÁRIO DO SÉCULO VINTE

172 L DE LUZ

Rua de Miguel
Bombarda 469
Cedofeita ①
+351 91 928 7552

Ein weiterer Grund für einen Besuch des Künstlerviertels Bombarda ist dieser tolle Laden, der sich auf Lampen und Kronleuchter aus den 1910er- bis 1970er-Jahren spezialisiert hat. Die Präsentation wirkt wie eine Kunstausstellung. Das von Ana Ramalho geleitete L de Luz existiert seit über zwei Jahrzehnten. Lampen werden restauriert und auf Wunsch verschickt.

173 ARMAZÉM

Rua de Miragaia 93
Miragaia ④
+351 22 201 1702
armazemporto.com

Dieses riesige ehemalige Weinlager ist wie eine Markthalle der versteckten Schätze, randvoll mit sammelbaren Vintage-Artikeln und Schnickschnack, so vielfältig, dass es sich lohnt, hier wenigstens aus Interesse einmal zum Stöbern vorbeizuschauen. Angeschlossen sind ein Café und eine Bar mit Sitzbereichen.

174 LOJA

Rua de Miguel
Bombarda 207
Cedofeita ①
lojaloja.pt

Im »Geschäft« in Miguel Bombarda erwarten Sie Vintage-Ware aus aller Welt, zeitgenössische Designartikel und lokal Hergestelltes. Beispiel gefällig? Wie wäre es mit ausgedienten Kinostühlen, witzigen alten Regenschirmständern oder nostalgischen Schreibtischlampen und Schreibwaren?

175 MON PÈRE

Rua da Conceição 80
Cedofeita ①
+351 91 848 0270

Dieser kleine Vintage-Shop ist eine der besten Adressen für Secondhand-Klamotten und Accessoires wie Jeans, Bomberjacken, Kleider und Sonnenbrillen. Das Mon Père Outlet ist ein bisschen größer und nur wenige Meter die Straße hoch.

5 *Geschäfte für*
DESIGN-LIEBHABER

176 **A LINHA DA VIZINHA**
Avenida Menéres 456, Loja 2
Matosinhos ⑨
+351 21 382 5350
alinhadavizinha.pt

A Linha da Vizinha präsentiert die allerbesten klassischen und zeitgenössischen Lampen und Möbel fürs Büro und für zu Hause. Zu ihren Marken zählen Artek, Vitra, Alvar Aalto, &Tradition, Mutto, Flos und HAY. Dieser Showroom befindet sich gegenüber der Casa da Arquitectura.

177 **MUNDANO**
Rua de Santos Pousada 668
Bonfim ⑥
+351 91 635 2335
mundano.pt

Dieser moderne Laden verkauft Mobiliar, Lampen und Designobjekte von portugiesischen und internationalen Designern, liebevoll zusammengestellt von den beiden Inhabern, den Architekten Luís und Sofia. Ein toller Ort, um interessante Entwürfe mit dem gewissen Extra zu finden.

178 **BANEMA STUDIO**
Rua de Adolfo Casais Monteiro 123
Massarelos ⑦
+351 22 766 1910
banemastudio.pt

Banema Studio ist ein unabhängiges Geschäft für Liebhaber von Kunst, Design und Architektur. Es ist immer in Bewegung. Hier findet man zeitgenössische Möbel, Textilien, Kerzen, Bücher, Zeitschriften und viele weitere Dekor- und Lifestyle-Artikel. Das Atelier veranstaltet zudem kreative Workshops.

179 BARDO CREATIVE GROUND

Rua Adolfo Casais Monteiro 117
Massarelos ⑦
+351 22 115 0624

Bardo ist ein Konzept des lokalen Kreativstudios OH ME OH MY und des Publikationsvertriebshändlers Wise. Hier können Sie nach kreativen Nischenmagazinen, Magazinen und Büchern aus aller Welt sowie einer kleineren Auswahl an Kunstobjekten und Designermöbeln stöbern.

180 LOJA DE SERRALVES

Rua Dom João de Castro 210
Lordelo do Ouro ⑦
loja.serralves.pt

Das Geschäft des Museums für Moderne Kunst in Porto verkauft spannende Designobjekte und Kunstdrucke. Doch was besonders heraussticht, ist die Zusammenarbeit mit portugiesischen Designern. Außerdem gibt es hier verschiedene Bücher zu den Themen Kunst, Design und Architektur. Die Erlöse fließen in die wichtige Arbeit der Serralves-Stiftung.

179 BARDO CREATIVE GROUND

5 *inspirierende*
CONCEPT STORES

181 **EARLY MADE**
Rua do Rosário 235
Cedofeita ①
+351 22 099 5524
earlymade.pt

Hinter diesem gut kuratierten und stilvollen Designgeschäft stehen die Geschwister Patrícia und Emanuel Sousa, Inhaber eines der ersten Boutique-Hotels der Stadt, das ROSA ET AL Townhouse. Obwohl die Marken, die sie im Angebot haben, global sind, hat alles auch einen Bezug zu Portugal, sei es das Material, das Design oder das Etikett »Made in Portugal«.

182 **THE FEETING ROOM**
Largo dos Lóios 86
Sé ④
+351 22 011 0463
thefeetingroom.com

Eines der vielfältigsten und angesagtesten Geschäfte, das sich auf Qualitätsschuhe spezialisiert hat, aber auch auf Mode erstklassiger Jungmarken und portugiesischer Designer. Im obersten Stock ist ein schickes Café mit Gemeinschaftstisch eingerichtet, wo man zwischen dem Einkaufsbummel eine Pause einlegen kann.

183 THE

Avenida do Brasil 446
Nevogilde ⑧
+351 93 651 9324
thedesign.pt

Das Duo Teresa und Helena hat diesen Laden mit dem Ziel ins Leben gerufen, zeitlose und luxuriöse Entwürfe eher unbekannter Designer abseits des üblichen Modezirkels zu bewerben. Die Kollektion umfasst einzigartige Kleidungsstücke aus aller Welt.

184 CORAÇÃO ALECRIM

Travessa de Cedofeita 28
Cedofeita ①
+351 93 811 1152
coracaoalecrim.com

Rita und Filipa sind das Herz und die Seele dieses hübschen Geschäfts. Hier verkaufen sie von Hand gefertigte Dekoartikel, kunstvolle Körbe, restaurierte Möbel, Kleidung und Einzelstücke wie alte *Azulejo*-Fliesen. Das Konzept setzt auf Vintage und Lokalität mit starkem Fokus auf Nachhaltigkeit und Upcycling.

185 PATCH LIFESTYLE CONCEPT STORE

Rua do Rosário 193
Cedofeita ①
+351 22 094 6101

PATCH hat sich auf Mode und Dekoartikel im Stil des Art déco spezialisiert, die neu, alt oder restauriert sein können. Die Auswahl ist äußerst spannend – von Lampen (einige davon vom Ladenbesitzer selbst, Artur Mendanha, entworfen) über Haushaltsartikel, Pflanzen und Kleidung bis hin zu Schmuck und Möbeln.

181 **EARLY MADE**

185 **PATCH LIFESTYLE CONCEPT STORE**

5 *fantastische* **JUWELIERE** *in Porto*

186 **LILIANA GUERREIRO**
Rua do Rosário 129
Miragaia ④
+351 96 499 4370
lilianaguerreiro design.com

Liliana Guerreiro ist eine Meisterin filigranen Schmucks, ein Handwerk, das seit vielen Generationen in Portugal praktiziert wird. Dabei erfindet sie diese Tradition neu, denn sie entwirft erlesene zeitgemäße Designs, die anspruchsvoll, zart und absolut atemberaubend sind. Lilianas Schmuck ist von Hand gefertigt und wird vor Ort produziert. Ihr elegantes Geschäft befindet sich im Stadtviertel Bombarda.

186 LILIANA GUERREIRO

187 **LUÍSA ROSAS**
BEI: DAVID ROSAS
Avenida da Boavista 1471
Lordelo do Ouro ⑦
luisarosas.com

Luísa Rosas zählt in ihrer Familie zur fünften Generation von Juwelieren, die sich diesem Handwerk verpflichtet haben. Inspiriert von Natur, Architektur und Experimentalismus entwickelt sie ihre eigenen hochwertigen Schmuckkollektionen aus Gelbgold und Diamanten.

188 **LUIZ FERREIRA**
Rua Trindade Coelho 9
Sé ④
+351 22 205 6146
luizferreira.com

Luiz Ferreira wurde 1909 unweit der Rua das Flores, wo sich zu jener Zeit die meisten Schmuckhändler befanden, in eine Familie talentierter Goldschmiede hineingeboren. Seine Werke sind sehr verspielt, vor allem die detaillierten Tierfiguren aus Edelmetallen und -steinen, sind inzwischen echte Kultklassiker.

189 **SOPRO JEWELLERY**
IM: FEETING ROOM
Largo dos Lóios 86
Sé ④
+351 22 011 0463
thefeetingroom.com

Andreia ist eine Schmuckdesignerin aus Porto. Ihre Entwürfe werden inspiriert von ihrer ganz persönlichen Beziehung zur Natur, etwa von Blättern und Käfern, mit denen sie als Kind gespielt hat. Ihr Schmuck ist zart, feminin und voller reizender Details.

190 **COLLECTIVA**
Rua de Miguel Bombarda 285
Cedofeita ①
+351 96 158 5054

Collectiva wurde von fünf passionierten Designern gegründet, die es sich zur Aufgabe gemacht haben, zeitgenössische Stücke zu bewerben, die von portugiesischen Frauen entworfen werden. Ihr Showroom im Bombarda-Einkaufscenter zeigt eigene Kreationen neben denen ihrer Gäste, darunter exklusive Ringe und Armbänder.

5 Boutiquen von LOKALEN MODEDESIGNERN

191 **NUNO BALTAZAR**
Rua do Bolhão 37
Santo Ildefonso ③
+351 22 605 4982
nunobaltazar.com

Nuno Baltazar ist einer der bekanntesten Modedesigner Portugals. In seinem Flagshipstore und Atelier in der Innenstadt finden Sie seine neuesten Damen- und Herrenkollektionen, die sich durch einen urban-industriellen Look mit eleganten Silhouetten auszeichnen. Im Haus gibt es eine angeschlossene Maßschneiderei, auch für Brautmode.

192 **KATTY XIOMARA**
Rua da Boavista 795
Cedofeita ①
+351 22 013 3784
kattyxiomara.com

Die in Venezuela geborene Katty Xiomara zog mit 18 Jahren nach Porto, um Mode zu studieren. Ihre Kollektionen haben es seitdem bis in die Fashion Weeks von Paris und New York geschafft. Ihre verspielten Kreationen zeigen keine Scheu vor leuchtenden Farben, vielfältigen Textilien, Asymmetrie und Volumen.

193 **ANABELA BALDAQUE**
Rua do Padre Luís Cabral 1080
Foz do Douro ⑧
+351 93 405 6264
anabelabaldaque.pt

Die ansässige Designerin Anabela Baldaque gründete in den späten 1980ern ihr eigenes Modelabel. Sie wird zu den Pionieren gezählt, die sich 1995 am ersten Portugal-Fashion-Event beteiligt haben. Ihre anspruchsvollen Kollektionen drehen sich vor allem um exklusive feminine Teile wie Kleider, Blusen und Hemden.

194 **LUIS BUCHINHO**
Rua de Sá da Bandeira 812
Santo Ildefonso ③
+351 22 201 2776
luisbuchinho.pt

Luis Buchinhos Kreationen stehen für originelle Strickwaren und verspielte Schnitte mit einem modernen, kosmopolitischen Look. In seiner Boutique mit integriertem Atelier in der Rua da Sá da Bandeira präsentiert und verkauft er seine Kollektionen an eine weibliche Klientel.

195 **MARIA GAMBINA**
Rua Fonte da Luz 197
Foz do Douro ⑧
+351 91 722 5724

Maria Gambina ist eine profilierte Designerin aus Porto, die auch Modedesign lehrt. Sie ist Mentorin mehrerer zeitgenössischer Designer aus Portugal. Die Inspiration für ihre Kreationen findet sie in der Musik. In diesem Laden verkauft sie ihre Kollektionen und Accessoires.

5 der coolsten

MODEBOUTIQUEN

196 LA PAZ

Rua da Reboleira 23
São Nicolau ④
+351 22 202 5037
lapaz.pt

La Paz ist ein in Porto gegründetes Herrenlabel, das sich vom Atlantik inspirieren lässt – das Motto: »Das Meer ist unsere Seele.« Die Inhaber André Bastos und José Miguel de Abreu sind stolz auf ihre hochwertige, vor Ort hergestellte Kleidung.

197 DAILY DAY

Rua de Miguel Bombarda 285, Sala 13
Cedofeita ①
+351 92 756 0480

Dieses kleine Geschäft für Damen- und Herrenmode in Miguel Bombarda verkauft ausschließlich selbst entworfene Ware. Die Kleidung ist von bester Qualität und wird in einer Fabrik im Norden Portugals produziert, die 1936 gegründet wurde. Daily Day entwirft zeitlose, moderne Alltagskleidung mit minimalistischer und funktionaler Ästhetik.

198 MUSE FASHION STORE

Rua da Senhora da Luz 128
Foz do Douro ⑧
+351 93 354 4557
musefashionstore.com

In diesem Modegeschäft finden Sie alle Lieblingsmarken der Inhaberin Mariana Pais, die ihren eigenen tadellosen Stil widerspiegeln, der als »unaufdringliche Raffinesse« beschrieben werden kann. Zu den Marken zählen American Vintage, Anine Bing und Maison Baluchon.

199 **WRONG WEATHER**

Avenida da
Boavista 754
Cedofeita ①
+351 22 605 3929
wrongweather.net

Dieser zeitgenössische Concept Store für Herren verkauft ausgewählte Designermarken. Das Geschäft selbst ist einzigartig in seiner Aufmachung und umfasst sogar eine Kunstgalerie.

200 **PORTUGUESE FLANNEL**

Largo de Alberto
Pimentel 1
Cedofeita ①
+351 22 019 9847
portugueseflannel.com

Portuguese Flannel wurde von António und Manuel gegründet. Die Brüder entstammen einer Familie, die seit vielen Jahren in der Textilproduktion tätig ist. Sie spezialisieren sich auf Hemden aus Flanell und andere hochwertige Stoffe wie Wolle, Baumwolle, Denim und Leinen. Jedes Kleidungsstück wird von einem Handwerksmeister in einer nordportugiesischen Stadt gefertigt und bringt Tradition mit zeitgemäßer Ästhetik in Einklang. Das Geschäft ist ihr Flagshipstore.

196 **LA PAZ**

5 tolle

FACHBUCHHANDLUNGEN

201 **CIRCO DE IDEIAS**
Rua da Boavista 330
Cedofeita ①
+351 22 325 1113
circodeideias.pt

Circo de Ideias ist sowohl ein Kleinverlag als auch ein cooles Fachgeschäft für Architekturbücher sowie eine Kunstgalerie und befindet sich im Viertel Bairro da Bouça, einem Sozialprojekt, das von dem weltweit angesehenen lokalen Architekten Álvaro Siza Vieira entworfen wurde.

202 **LIVRARIA CHAMINÉ DA MOTA**
Rua das Flores 28
Sé ④
+351 22 200 5380

Dieses Antiquariat ist berühmt für seine beeindruckende Sammlung alter Bücher. Hier sollen rund eine Million Bücher lagern, darunter viele Seltenheiten, die teilweise bis ins 16. Jahrhundert zurückreichen. Das Geschäft verkauft zudem Sammlerausgaben von Comic-Heften und Magazinen, historische Karten und Poster.

203 **TIMTIM POR TIMTIM**
Rua da Conceição 27-29
Vitória ②
+351 22 201 1083

Comic-Fans aufgepasst! Hier gibt es eine fantastische Auswahl an Vintage-Comics, Graphic Novels, Zeitschriften und Spielwaren. Wenn Sie Comics der 1980er-Jahre und früher lieben – etwa »Tim und Struppi« oder »Pilote« –, ist dieser Laden ein absolutes Muss!

204 TÉRMITA

Largo Mompilher 5
Vitória ②
+351 91 221 6892
termita.pt

Térmita befindet sich in einem alten Lagerhaus, das von Holz fressenden Insekten, darunter *térmitas,* beschädigt wurde. Heute dreht sich hier alles um Bücher. Bei Térmita gibt es eine breite Palette an Genres; einzigartig ist, dass in den Regalen sowohl gebrauchte als auch neue Ausgaben nebeneinanderstehen. Besonders stolz ist man auf die Werke relativ unbekannter, unabhängiger Verlage.

205 LIVRARIA ACADÉMICA

Rua dos Mártires da Liberdade 10
Cedofeita ①
+351 22 200 5988

Die 1912 eröffnete Livraria Académica ist die älteste Secondhand-Buchhandlung in Porto. Sie ist auf alte und seltene Bücher von portugiesischen Autoren spezialisiert, darunter viele Erstausgaben. Der freundliche Besitzer Senhor Canavez heißt seine Kunden gern persönlich willkommen.

201 CIRCO DE IDEIAS

5 Läden für
SCHREIBWAREN-LIEBHABER

206 **ARAUJO & SOBRINHO**
Largo São Domingos 55
São Nicolau ④
+351 91 738 5220
araujoesobrinho.pt

Der 1829 von Manuel Francisco de Araújo gegründete Schreibwarenladen zählt heute zu den weltweit ältesten seiner Art. In den schmucken Regalen und Schaukästen finden Sie Produkte einiger der besten Marken aus dem In- und Ausland.

207 **PAPELARIA MODELO**
Largo dos Lóios 76
Sé ④
+351 22 208 6983
papelariamodelo.pt

Seit 1921 ist dies die beliebteste Adresse für Portos Studenten der schönen Künste, Designer und Architekten. Wenn man die hübsche Fassade, die antiken Vitrinen und die charaktervolle Holztheke betrachtet, wirkt es beinah so, als hätte sich hier seit Jahrzehnten nichts verändert.

208 **PENINSULAR**
Rua de Mouzinho da Silveira 67
Sé ④
+351 22 200 5225
peninsular.com.pt

Eine der wenigen hundertjährigen Institutionen in Porto, die als Familiengeschäft überlebt haben. Hier werden tradierte Druck- und Buchbindetechniken meisterhaft umgesetzt und bewahrt, aber auch digitale Druckmethoden finden ihren Platz. Wer mag, kann sich ein Notizheft personalisieren oder eine bildschöne Einladung auf Goldfolie drucken lassen.

209 EMÍLIO BRAGA

IM: FNAC SANTA CATARINA
Edifício Palladium, Rua de Santa Catarina 73
Santo Ildefonso ③
+351 70 731 3435
emiliobraga.com

Emílio Braga fertigt von Hand (und für die Ewigkeit) einzigartige Büroartikel. Die Notizhefte sind sehr markant mit ihren festen Buchdeckeln und Heftrücken sowie den mit Stoff überzogenen Ecken. Die lange Tradition mit Schreibwaren und Typografie geht bis in das Lissabon des Jahres 1905 zurück.

210 FINE & CANDY

Rua de Tânger 1356
Lordelo do Ouro ⑦
+351 22 013 1949
fineandcandy.com

Diese einheimische Marke vertreibt eine Auswahl an Schreibwarenartikeln, die von der lokalen Kultur inspiriert, jedoch auf zeitgemäße Art und Weise interpretiert sind. Die Notizhefte, Tagebücher und Bleistifte werden per Hand in kleinen Werkstätten in Porto, Maia und Aveiro hergestellt. – Von denselben Inhabern wie das Luxus-Einrichtungshaus Oitoemponto.

209 EMÍLIO BRAGA

5

OLD-SCHOOL-*Läden*

211 MÁQUINAS DE OUTROS TEMPOS

Rua dos Mártires da Liberdade 154
Cedofeita ①
+351 91 484 5695
maquinasdeoutros tempos.pt

»Maschinen aus anderen Zeiten« ist ein Paradies für Liebhaber der analogen Fotografie. Hier finden Sie eine Riesenauswahl an alten Fotogerätschaften und Kameras, von Rolleiflex bis Polaroid sowie Filme, Objektive und Dunkelkammerzubehör. Außerdem werden hier fachmännisch und preiswert Fotos entwickelt und Negative eingescannt.

212 ESCOVARIA DE BELOMONTE

212 **ESCOVARIA DE BELOMONTE**

Rua de Belomonte 34
São Nicolau ④
+351 22 200 2469
escovariadebelomonte.com

Dieses Familiengeschäft in vierter Generation ist ein wahres Juwel des Bürstenhandwerks. Hier finden Sie garantiert die richtige Bürste, ob für die Wäsche, zum Gemüseputzen, zur Schuhpolitur oder für die Katzenpflege. Die Produkte werden vor Ort und in einer benachbarten Werkstatt von Hand aus Naturfasern wie Pferdehaar und Kokosnuss hergestellt.

213 **ARMAZÉM DOS LINHOS**

Rua de Passos Manuel 15
Santo Ildefonso ③
+351 22 200 4750
armazemdoslinhos.com

Das 1905 gegründete Armazém dos Linhos hat sich der Produktion von bedruckten Stoffen mit traditionellen Mustern verschrieben. Portugiesisches Leinen und *chita de Alcobaça* (Chintz) zählen zu den am häufigsten verwendeten Materialien. Zudem erhält man hier Kinderkleidung und Taschen aus hauseigenen Stoffen.

214 **BFG**

Rua do Bonjardim 404
Santo Ildefonso ③
+351 22 200 2655
bfg.pt

BFG, 1900 gegründet, ist ein Eisenwarenhandel, der nach dessen Gründer Bernardino Francisco Guimarães benannt wurde. Das Angebot umfasst eine breite Palette an Kleiderbügeln, Haken und Griffen für Türen und Möbelstücke. Auch Einzelanfertigungen sind möglich.

215 **CASA COFIL**

Rua de Ramalho Ortigão 43
Santo Ildefonso ③
+351 96 844 6653
casacofilporto.com

Casa Cofil ist ein toller kleiner Laden, der alles verkauft, was mit Licht zu tun hat. Auf Lager findet man jede Menge Leuchtmittel, Lampen, bunte Kabel und Kleinkram. Perfekt zum Basteln einer eigenen Lampe.

Die 5 besten
VINYL-LÄDEN

216 **LOUIE LOUIE**
Rua do Almada 536
Santo Ildefonso ③
+351 22 201 0384
louielouie.pt

Hier gibt es eine bunte Vielfalt an Musikstilen, von Stoner bis Soul, von Punk bis Psychedelic. Bestaunen Sie die alphabetisch sortierte 7-Zoll-Kollektion und nehmen Sie ruhig auch ein paar von den Merchandise-Artikeln mit. Der Name erinnert an den 60er-Jahre-Hitsong »Louie Louie« der US-Band The Kingsmen.

217 **PORTO CALLING**
Rua da Conceição 80
Cedofeita ①
+351 22 094 5501
portocalling.com

Das nach dem Klassiker »London Calling« von The Clash benannte Geschäft im Zentrum der Stadt lässt das Herz jedes Musik-Fans höherschlagen. Achten Sie auf die signierten Andenken und Band-Souvenirs an den Wänden sowie auf die alten Audiogeräte (nicht zum Verkauf).

218 **MATÉRIA PRIMA**
Rua de Miguel
Bombarda 232
Cedofeita ①
+351 22 201 1199
materiaprima.pt

Matéria Prima verkauft nicht nur fantastische Platten, sondern auch tolle Bücher, Zeitschriften, Magazine und Kuriositäten. Der kleine, aber feine Laden ist ein Muss für jeden Fan experimenteller und innovativer Künstler, Musiker, Indie-Musiklabel und Verlage.

219 **PIRANHA CD**

IM: CENTRO COMERCIAL PARQUE ITÁLIA, LOJA 73

Praceta Engº Adelino Amaro da Costa 752, 1. Stock

Cedofeita ①

+351 22 609 1004

piranhacd.com

Seit der Eröffnung 1995 hat sich Piranha zur besten Adresse für Fans der alternativen Musikszene entwickelt. Neben allen Arten von Tonträgern gibt es hier eine große Auswahl an Zeitschriften, Magazinen, limitierten Sonderausgaben und anderen Seltenheiten. Nicht zuletzt punktet Piranha mit cooler Inneneinrichtung und einem kundigen Verkaufsteam.

220 **TUBITEK**

Praça Dom João I 31

Santo Ildefonso ③

+351 22 203 4132

tubitek.pt

Dieses Fachgeschäft für Filme und Musik musste zwar im Jahr 2000 schließen, durfte aber 14 Jahre später nochmals neu anfangen. Das Hauptaugenmerk liegt auf Neuerscheinungen, es gibt aber auch Tonträger und Merchandise-Produkte zu kaufen. Außerdem im Angebot: Turntables und Vinyl-Zubehör.

216 **LOUIE LOUIE**

5 Geschäfte für SURFING, SKATING und RADFAHREN

221 **58 SURF**
Rua Roberto
Ivens 1339
Matosinhos ⑨
+351 30 200 1039
58surf.com

Der Surfer und Künstler Ivo Nisa eröffnete vor zwei Jahrzehnten im Surfspot Peniche seinen ersten 58-Surf-Shop. Die drei Filialen in Portugal, darunter diese hier in Matosinhos, sind Topadressen zum Eindecken mit Surf- und Skateausrüstung. Vor Kurzem hat Ivo auch seine eigene Surfbrettreihe herausgebracht: Mar Surfboards.

222 **GRUA SURF CO.**
Rua Roberto
Ivens 925
Matosinhos ⑨
+351 22 013 2599
gruasurf.com

GRUA Surf Co. wurde von Surfer Diogo Lamares gegründet, der von hier stammt. Sein weiträumiges Ladengeschäft in Matosinhos verströmt dank der polierten Betonböden und des minimalistischen Looks ein cooles Ambiente. Die geschmackvolle Kollektion richtet sich nicht nur an Wasserratten, sondern auch an Abenteurer und Weltenbummler. In der Lounge steht eine Kaffeemaschine zur Verfügung.

223 RIP CURL STORE MATOSINHOS

Avenida General Norton de Matos 1136, Loja 6
Matosinhos ⑨
+351 22 938 1203
ripcurl.eu

Als Marktführer für Neoprenanzüge benötigt die australische Marke Rip Curl keine weitere Vorstellung. Die Filiale in Matosinhos ist günstig gelegen, nur wenige Schritte vom Strand entfernt, und bietet Miet- und Kaufoptionen an. Hier gibt es nicht nur die Hausmarke zu kaufen, sondern auch die Produkte anderer Hersteller wie Channel Islands, Polen und Pyzel Surfboards.

224 VELO CULTURE

Rua de Dom Manuel II 346, Loja A
Massarelos ⑦
+351 22 491 1164
veloculture.pt

Fahrrad-Jünger werden sich hier wie zu Hause fühlen. Velo Culture wurde von drei Freunden gegründet, die sich mit Leidenschaft für Nachhaltigkeit und das Radfahren einsetzen. In ihrem Laden findet man alles an Zweirädern und Zubehör, auch von Nischenmarken. Sie bieten zudem einen Reparaturservice an und lieben es, klassische Räder zu restaurieren. Eine Filiale ist im Matosinhos Markt, die zweite im Palácio de Cristal.

225 CHELO COAST HOUSE

Avenida da República 128
Matosinhos ⑨
+351 22 938 0195
chelocoasthouse.com

Chelo Coast House steht für »Café, Cycles & Surf«. Die Inhaber Marie und Marcelo lernten sich in Chile auf einer Radtour kennen und fassten später den Entschluss, Matosinhos zu ihrem neuen Zuhause zu machen. Das Café ist sehr hübsch. Hier verkaufen die beiden Surfausrüstung von Patagonia sowie ihre eigene urbane Fahrradmarke Chelo Cycles, die sich nach Bedarf anpassen lässt.

5 *Orte, wo man* TOLLEN WEIN *findet*

226 **AUGUSTO DA FOZ**
Rua do Passeio Alegre 924
Foz do Douro ⑧
+351 22 617 9197
augustofoz.com

Dieser Feinkostlasten mit Weinverkauf wurde 1954 eröffnet und ist der älteste seiner Art in Foz. Hier gibt es vorzügliche portugiesische Weine, wie man sie in Supermärkten nicht findet. Achtung: Der reine Weinhandel ist im Geschäft nebenan. Das mag etwas verwirren, da der Feinkostladen ebenfalls Weine führt.

227 **GARRAFEIRA DO CARMO**
Rua do Carmo 17
Vitória ②
+351 22 200 3285
garrafeiracarmo.com

Ein toller Vertreter des alten Portugals, spezialisiert auf Portwein, von dem es eine umfangreiche Auslese auf Lager gibt, darunter Vintage und Raritäten. Des Weiteren gibt es hier Weine, Liköre und Spirituosen aus Portugal zu kaufen. Das freundliche Verkaufsteam ist bemerkenswert fachkundig.

228 **GOTA A GOTA WINEHOUSE**
Rua de Cedofeita 572
Cedofeita ①
+351 22 319 7854
gotaagota.pt

Nicht nur eine Weinhandlung mit einem tollen Angebot an portugiesischen Weinen, viele davon von kleineren Produzenten, sondern gleichzeitig ein Lokal, wo man zu ein paar *petiscos* (Snacks) die Weine auch verkosten kann.

229 TOURIGA VINHOS DE PORTUGAL

Rua da Fábrica 32
Vitória ②
+351 22 510 8435

David Ferreira ist Inhaber und passionierte Seele dieser klassischen *garrafeira* (Weinhandlung), die sich auf Portwein und Weinsorten aus dem Umland spezialisiert hat: Douro, Dão, Vinho Verde und Alvarinhos. Dabei stehen die auf kleinen Weingütern angebauten Weine im Fokus. Jeden Tag finden 20-minütige Portwein-Seminare statt (Verkostung inklusive).

230 CLUB DEL GOURMET

Avenida da República 1435
Mafamude,
Vila Nova de Gaia ⑪
+351 21 353 2020
elcorteingles.pt

Das Kaufhaus El Corte Inglés in Vila Nova de Gaia hat eine Feinkostabteilung, die das Herz jedes Schleckermauls höherschlagen lässt. Hier finden Sie ein ausgezeichnetes Angebot an nationalen und internationalen Weinen, die man mit den verschiedensten Köstlichkeiten kombinieren kann.

226 AUGUSTO DA FOZ

Die 5 besten

STRASSENMÄRKTE

231 **MERCADO PORTO BELO**
Praça de Carlos Alberto
Vitória ②

Der vom Londoner Portobello Market inspirierte Mercado Porto Belo (wörtlich »schöner Porto-Markt«) war einer der ersten Straßenmärkte der Stadt. Er findet jeden Samstag von 10 bis 19 Uhr auf dem Praça de Carlos Alberto statt. Hier erwarten Sie Kunst und Kunsthandwerk, Holzspielzeug, gebrauchte Bücher, Vinyl, Dekoartikel und vieles mehr.

232 **MERCADINHO DOS CLÉRIGOS**
Rua de Cândido dos Reis
Vitória ②
+351 22 340 0770

Dieser entzückende Markt am Torre dos Clérigos findet zweimal im Monat von 10 bis 19 Uhr statt. Verkauft werden außergewöhnliche Antiquitäten, Kunsthandwerk, Biolebensmittel, Bücher, Musik und viel Schnickschnack. An Regentagen zieht der Markt in die Plano B Bar in der Rua de Cândido dos Reis.

233 **FEIRA DA VANDOMA**
Avenida 25 de Abril
Campanhã ⑥

Der Ursprung des ältesten Flohmarkts Portos ist in einer Studentengruppe zu finden, die sich in den 1970er-Jahren dazu entschlossen, ein paar ihrer Habseligkeiten zu verkaufen, um ihre Rechnungen bezahlen zu können. Heute ist Vandoma eine Institution. Jeden Samstagmorgen.

234 **PORTO FLOHMARKT**
Wechselnde Standorte

Der Flohmarkt von Porto findet einmal im Monat statt, jedoch nicht zu einer festgelegten Zeit. In den sozialen Medien gibt es einen aktuellen Kalender mit den Terminen für die nächsten Märkte. Dutzende unabhängiger Händler und Geschäfte treffen hier aufeinander. Sie alle bieten eine bunte Palette an Antiquitäten und Vintage-Waren an.

235 **MERCADO DA ALEGRIA**
Jardim do Passeio Alegre
Foz do Douro ⑧
+351 91 459 0844

Jeden Sonntag kommen im beschaulichen Jardim do Passeio Alegre im Viertel Foz do Douro rund 65 ansässige Kunsthandwerker zusammen, um ihre Produkte zu veräußern. Den ganzen Tag lang kann man hier Handgearbeitetes, Feinkost, Dekoratives und Accessoires erstehen, oft untermalt von Livemusik.

232 MERCADINHO DOS CLÉRIGOS

5 SHOPPING-DESTINATIONEN,

die man kennen sollte

236 **CCB – CENTRO COMERCIAL BOMBARDA**
Rua de Miguel Bombarda 285
Cedofeita ①
ccbombarda.pt

Dieses kleine Shoppingcenter ist von der alternativeren Sorte, passend zur Lage im Künstlerviertel Miguel Bombarda. Hier haben sich Concept Stores und trendige Geschäfte angesiedelt, überwiegend von jungen Designern. Einige heute erfolgreiche Marken wie La Paz hatten hier ihre Anfänge. Rund um die Terrasse im Zentrum werden gesunde Mahlzeiten verkauft.

237 **RUA DA SENHORA DA LUZ**
Foz do Douro ⑧

In dieser schmucken Straße im Wohnviertel Foz do Douro haben sich mehrere Boutiquen und unabhängige Läden eingemietet. Auch für Kinder findet sich hier so einiges, darunter der legendäre Schuhladen Heidi, Morgado, Mimo und Babyboom sowie Modeboutiquen wie Muse, Ali-Jo und Lulook.

238 RUA DO ALMADA

Vitória ②

1761 waren in dieser Straße vor allem Eisenwarenhandlungen, doch in den letzten Jahren haben sich so einige angesagte Shops angesiedelt. Zu nennen wären Arcádia für Schokoliebhaber, Louie Louie für Vinyl-Sammler, die Concept Stores Almada 13 und Workshops Pop Up sowie die Vintage-Experten Wild at Heart und Raúl Sousa.

239 RUA DE SANTA CATARINA

Santo Ildefonso ③

Die Rua Santa Catarina, eine Fußgängerzone im Herzen der Stadt, ist die beliebteste Einkaufsstraße Portos. Viele bekannte Geschäfte aus aller Welt sind hier zu finden, ebenso portugiesische Vertreter wie Ericeira Surf & Skate und die Kunsthandlung Ponto das Artes. Auch das Einkaufscenter ViaCatarina hat hier seinen Standort.

240 PORTOS EINKAUFSZENTREN

In den 1990er-Jahren eröffnete in Porto eine Reihe von Einkaufszentren mit globalen Klamottenläden, Großraumkinos und Gastronomiebereichen. Sie alle schließen ihre Pforten jeweils um Mitternacht. Zu den besten zählen MAR Shopping, NorteShopping und ArrábidaShopping. El Corte Inglés ist zwar ein Kaufhaus, soll hier aber ebenfalls nicht unerwähnt bleiben.

5 KREATIVE *und* MARKEN, *die man nicht verpassen darf*

241 **DI.X.O**
dixosisters.com

Die Damenschuhkreationen von Inês und Cristina Dixo, einem sehr herzlichen Schwesternpaar, vereinen in sich Boho-Chic und Rock-Look und sind Ausdruck der Persönlichkeiten ihrer Erschafferinnen. Die angesagten Stiefel und Sandalen werden vor Ort in Handarbeit hergestellt und sind sehr bequem. Die Kollektion lässt sich auf der Website einsehen – der Versand ist weltweit.

242 **IDEAL & CO.**
+351 93 747 5442
idealandco.com

Rute Vieira und José Lima, zwei Designer aus Porto, gründeten Ideal & Co., um ökofreundliche Taschen aus pflanzlich gegerbtem Leder und Webkanten-Canvas herzustellen. Das Ergebnis kann sich sehen lassen, von Reise- bis Tragetaschen, Rucksäcken bis Brieftaschen, alles 100-prozentig »Made in Portugal«.

243 **GINGER & JAGGER**
gingerandjagger.com

Ginger & Jagger stellen in Porto hochwertige zeitgemäße Möbel samt Zubehör her. Auf der Website können Sie einen Eindruck von den Produkten gewinnen – alle von Hand aus visuell ansprechenden Materialien wie Messing, Kupfer, Tropenholz und Marmor gefertigt.

244 **MADRE**
madre.pt

Ana und Raquel, die beiden *portuenses* hinter Madre, haben beide einen Hintergrund in Grafikdesign. Sie entwerfen schlichte, funktionale Gegenstände wie Hocker, Beistelltische und Kaffeetassen mit zarten, farbenfrohen Details. Dabei bringen sie sich stark in die Prozesse mit ein, arbeiten mit lokalen Partnern zusammen und legen Wert auf traditionelle Fertigungsmethoden.

245 **LATITID**
Rua da Senhora
da Luz 81
Foz do Douro ⑧
+351 93 416 2141
latitid.com

LATITID ist die Bademodenmarke der *portuenses* Inês, Marta und Fernanda. Sie entwerfen stilvolle Bademoden für Damen und Kinder (LATITID.mini). Ein Großteil der hochwertigen Materialien stammt aus Italien, die Produktion findet hingegen in Portugal statt.

50 BAUWERKE ZUM BESTAUNEN

Die 5 beeindruckendsten **HISTORISCHEN** *Sehenswürdigkeiten*

246 **PRAÇA DA RIBEIRA**
São Nicolau ④

Auch wenn er heute voller Touristen ist, vom Mittelalter bis zum 19. Jahrhundert war der Platz *das* Handelszentrum der Stadt. Die Arkaden, die die Promenade (in Resten) umsäumen, wurden unter Aufsicht des englischen Konsuls John Whitehead im 18. Jahrhundert erbaut.

247 **IGREJA E TORRE DOS CLÉRIGOS**
Rua de São Filipe de Nery
Vitória ②
+351 22 014 5489
torredosclerigos.pt

Der Turm Torre dos Clérigos und die dazugehörige Kirche ergeben zusammen ein Meisterwerk des Barock. Das Ensemble wurde vom italienischen Architekten Nicolau Nasoni entworfen. Seinem Wunsch entsprechend wurde er in der kleinen Kapelle zur Ruhe gebettet. Vom 75 Meter hohen Glockenturm hat man einen außergewöhnlichen Blick über Porto.

248 **SÉ CATEDRAL**
Terreiro da Sé
Sé ④
+351 22 205 9028

Die römisch-gotisch-barocke Kathedrale von Porto wurde im 12. und 13. Jahrhundert errichtet und seitdem mehrfach umgebaut und renoviert, was die Mischung aus architektonischen Stilen erklärt.

249 MURALHA FERNANDINA

Muralha Fernandina (Fernandiner Mauern) bezeichnet die mittelalterlichen Befestigungsanlagen von Porto. Viele der Reste wurden in Bauwerke in der Altstadt integriert. Besonders malerisch ist der Abschnitt auf den Klippen von Guindais. Das Postigo do Carvão in Ribeira ist das letzte verbliebene Tor (von 18). Einst stellten sie den einzigen Zugang zur Stadt dar.

250 CÂMARA MUNICIPAL DO PORTO

Rua Clube dos Fenianos 5
Santo Ildefonso ③
+351 22 209 7000
cm-porto.pt

Das Rathaus von Porto thront beeindruckend am Ende der wichtigsten Hauptstraße, der Avenida dos Aliados. Das Design stammt vom Architekten António Correia da Silva und umfasst ein Granitgebäude mit einem 70 Meter hohen Uhrenturm. Die Statue des Dichters Almeida Garrett (1799–1854) davor ist ein Entwurf des Bildhauers Barata Feyo von 1954.

249 MURALHA FERNANDINA

5 *einzigartige* KIRCHEN

251 IGREJA DO CARMO E CARMELITAS
Rua do Carmo 1
Vitória ②
+351 22 205 0279

Auf den ersten Blick glaubt man, eine einzige große Kirche vor sich zu sehen, doch wer genauer hinschaut, sieht, dass es sich um zwei Bauwerke handelt. Die Igreja do Carmo zur Rechten und die Carmelita zur Linken stehen Seite an Seite … beinah. Zwischen den beiden befindet sich ein sehr schmales Haus, das verhindern sollte, dass die Mönche und die Nonnen sich eine Mauer teilen müssen – eine der seltsameren Sehenswürdigkeiten in Porto.

252 CAPELA DAS ALMAS
Rua de Santa Catarina 428
Santo Ildefonso ③
+351 22 200 5765

Dieses Denkmal aus dem 18. Jahrhundert liegt in Portos wichtigster Einkaufsstraße, der Rua de Santa Catarina, und ist bekannt als »Kapelle der Seelen«. Sie ist mit 15.000 *Azulejo*-Kacheln eingedeckt, die dramatische Szenen aus dem Leben des Franz von Assisi und der heiligen Katharina zeigen. Halten Sie drinnen Ausschau nach dem Seitenaltar, der der *Nossa Senhora das Almas* (Unserer Frau der Seelen) gewidmet ist.

251 IGREJA DO CARMO E CARMELITAS

253 IGREJA DE SÃO FRANCISCO

Rua do Infante Dom Henrique
São Nicolau ④
+351 22 206 2125
ordemsaofrancisco.pt

Die Franziskuskirche aus dem 14. Jahrhundert ist eine Kirche voller Gegensätze. Holzschnitzarbeiten, mit mehr als 300 Kilo Gold überzogen, bereichern das opulent-barocke Interieur – einst sagte man, dies sei zu extravagant in Anbetracht der bescheidenen Lage. Die Katakomben sind die letzte Ruhestätte der Franziskanermönche und der Stadtelite. Im Beinhaus können durch den Glasboden Berge von Knochen bestaunt werden.

254 IGREJA DA MISERICÓRDIA

Rua das Flores 15
Vitória ②
+351 22 090 6960
mmipo.pt

Diese Renaissance-Kirche aus dem späten 16. Jahrhundert findet man in der beliebten Rua das Flores. Die Anspielungen an Stilelemente des Barock und Rokoko sind das Werk des italienischen Architekten Nicolau Nasoni, ebenso die traditionellen *Azulejo*-Fliesen. Ein spannendes flämisches Gemälde mit dem Titel »Der Brunnen des Lebens« *(Fons Vitae)* kann im benachbarten Museum MMIPO bewundert werden.

255 IGREJA PAROQUIAL DE NOSSA SENHORA DA BOAVISTA

Rua Azevedo Coutinho 103
Ramalde ⑤
+351 22 600 2691
paroquia-boavista.org

Sichtbeton und Holzfachwerk tragen zum brutalistischen Eindruck der Kirche bei, die von Agostinho Ricca gestaltet wurde. Sie gilt als perfektes Beispiel für die moderne Sakralarchitektur der Stadt. Interessant ist auch das Buntglasfenster von Júlio Resende, dessen Motiv im Teppich abermals aufgenommen wird. Die Einheimischen nennen die Kirche (nach dem Stadtviertel) Igreja do Foco.

5 *atemberaubende* INNENRÄUME

256 **CASA DE SERRALVES**
Rua de Serralves 97
Lordelo do Ouro ⑦
+351 22 615 6500
serralves.pt

Das rosarote 30er-Jahre-Herrenhaus im Stil des Art déco steht im Park von Sarralves. Die einstige Sommerresidenz geriet über eine Erbschaft in den Besitz des zweiten Grafen von Vizela, Carlos Alberto Cabral. Er engagierte französische Handwerker sowie den ansässigen Architekten José Marques da Silva. Achten Sie auf die Kapelle aus dem 19. Jahrhundert und das von Edgar Brandt entworfene Eisentor.

257 SALÃO ÁRABE DO PALÁCIO DA BOLSA

257 **SALÃO ÁRABE DO PALÁCIO DA BOLSA**
Rua de Ferreira Borges
São Nicolau ④
+351 22 339 9000
palaciodabolsa.com

Diesen phänomenalen Saal im neoklassischen Gebäude der ehemaligen Börse muss man gesehen haben. Nach einer Bauzeit von 18 Jahren war das Ergebnis eine meisterhaft ausgeführte Halle mit bunten Glasfenstern und Elementen aus Mahagoni, Rosenholz und Ahorn.

258 **LIVRARIA LELLO**
Rua das Carmelitas 144
Vitória ②
+351 22 200 2037
www.livrarialello.pt

Die Livraria Lello, 1906 eröffnet, ist zweifellos eine der schönsten Buchhandlungen der Welt. Die Warteschlange draußen beweist, dass sich herumgesprochen hat, wie elegant die Jugendstiltreppe und wie reich verziert die Decken sind. Besonderes Augenmerk gilt den kleinen Büsten von portugiesischen Schriftstellern.

259 **PAÇO EPISCOPAL DO PORTO**
Terreiro da Sé
Sé ④
+351 22 339 2330

Der Episkopalpalast ist die ehemalige Residenz der Bischöfe von Porto. Das von der UNESCO als Weltkulturerbe gelistete Bauwerk zählt zu den besten Beispielen des städtischen Spätbarock und Rokoko. Einer der Schätze ist das u-förmige Treppenhaus aus Granit, umrahmt von erlesenen pastellfarbenen Fresken und Stuck. Blicken Sie auch hinauf zur Glaskuppel!

260 **IGREJA DE SANTA CLARA**
Largo 1º de Dezembro
Sé ④
+351 22 200 5338

Der Eingang ist eher unscheinbar, doch dieses Gotteshaus eines aufgelösten Konvents aus dem 15. Jahrhundert wurde in der ersten Hälfte des 18. Jahrhunderts mit geschnitzten und vergoldeten Holzarbeiten komplett ausgekleidet.

5 wunderbare
BRÜCKEN

261 PONTE DOM LUÍS I
São Nicolau ④

Die Ponte Dom Luís I ist einer der doppelstöckigen Metallbögen, die den Douro bei Porto überspannt und die Innenstadt mit Gaia verbindet. Sie wurde von Théophile Seyrig (1843–1923) entworfen. Mit 395 Metern hatte sie zum Zeitpunkt ihrer Fertigstellung 1886 für eine Metallbrücke die weltweit längste Spannweite.

262 PONTE DONA MARIA PIA
Bonfim ⑥

Der verantwortliche Ingenieur hinter dieser Eisenbahnbrücke war Gustave Eiffel (1832–1923). Im Vergleich zur Ponte Dom Luís I ist sie mit ihrer einstöckigen Fahrbahn die wohl anmutigere – und das einzige Wahrzeichen Portugals, das von der American Society of Civil Engineers (ASCE) als Meisterwerk anerkannt ist.

263 PONTE DE SÃO JOÃO
Bonfim ⑥

Eine weiße, minimalistische und moderne Eisenbahnbrücke, entworfen vom erfolgreichen Brückenbauer Edgar Cardoso. Sie erfüllt die Funktion der benachbarten und inzwischen (seit 1991) stillgelegten Ponte Dona Maria Pia von Gustave Eiffel.

264 PONTE DA ARRÁBIDA

Massarelos ⑦

Die 1963 eröffnete Ponte da Arrábida war zu ihrer Zeit die längste Betonbogenbrücke der Welt. Ihr Ingenieur, der Portugiese Edgar Cardoso, hat weltweit mehr als 500 Brücken errichtet. Der Entwurf der Ponte da Arrábida war so fortgeschritten, dass Journalisten während der letzten Konstruktionsschritte ständig erwarteten, dass die Brücke in sich zusammenstürzen würde. Doch die Ponte da Arrábida war und ist immer noch ein Triumph.

265 PONTE PÊNSIL

São Nicolau ④

Die Ponte Pênsil war eine Seilbrücke mit Eisenkabeln, die die zwei Ufer von Porto und Gaia miteinander verband. Einst bekannt unter dem Namen S. Maria II, war ihre Lebensdauer von nur 45 Jahren relativ kurz. Die Brücke wurde nach Eröffnung der benachbarten Ponte Dom Luís I zurückgebaut. Die hübschen Granitpfeiler stehen jedoch immer noch.

261 **PONTE DOM LUÍS I**

5 ARCHITEKTONISCH INTERESSANTE *Bauwerke*

266 **CASA DA MÚSICA**
Avenida da
Boavista 604-610
Cedofeita ①
+351 22 012 0220
casadamusica.com

Das auf dem Gelände einer alten Tramschleife am Boavista-Kreisverkehr errichtete Bauwerk beweist, dass es dem niederländischen Architekten Rem Koolhaas gelungen ist, die traditionelle Konzerthalle neu zu erfinden. Der vom RIBA ausgezeichnete Bau wurde 2001 angekündigt und 2005 fertiggestellt, als Porto europäische Kulturhauptstadt war. Die ungewöhnliche und trendige Form der Casa da Música ähnelt der eines Diamanten oder Polyeders.

267 **COLISEU DO PORTO**
Rua de Passos
Manuel 137
Santo Ildefonso ③
+351 22 339 4940
coliseu.pt

Portos sinnbildliche Konzerthalle ist eine der bekanntesten Sehenswürdigkeiten der Stadt. Die Fassade und der mit Neon bekleidete Turm sind ein tolles Beispiel für spätes Art déco und Modernismus. Das Projekt war eine Zusammenarbeit von verschiedenen Architekten unter der Leitung von Cassiano Branco.

266 CASA DA MÚSICA

268 **MERCADO FERREIRA BORGES**

Rua da Bolsa 19
São Nicolau ④
+351 22 200 2022

Es ist sehr wahrscheinlich, dass Sie bei Ihrem Rundgang durch die Innenstadt auf dieses auffällige Bauwerk aus rotem Gusseisen und Glas stoßen werden. Es wurde 1885 erbaut, um den Mercado da Ribeira zu ersetzen. Heute werden hier Kulturveranstaltungen ausgerichtet, und der Nachtclub Hard Club hat hier seine Heimat gefunden. Die öffentlichen Toiletten im Gebäude sind eine perfekte Ausrede, um einmal einen Blick ins Innere zu werfen.

269 **PALÁCIO DA BOLSA**

Rua de Ferreira Borges
São Nicolau ④
+351 22 339 9000
palaciodabolsa.com

Der Palast, auf Klosterruinen erbaut, ist der ehemalige Standort der Börse und heute Teil des UNESCO-Weltkulturerbes. Nachdem er 1910 fertiggestellt war, wurden dem neoklassizistischen und palladianischen Design im Laufe der Zeit zahlreiche pompöse Elemente hinzugefügt, etwa die achteckige Metallkuppel, der exotische *Salão Árabe* (Arabischer Salon) und das spektakuläre Treppenhaus.

270 **CINEMA BATALHA**

Praça da Batalha 47
Santo Ildefonso ③

Dieses baufällige 40er-Jahre-Art-déco-Haus wurde von Artur Andrade entworfen. Auffällig sind die abgerundeten Ecken und das Windensystem, mit dessen Hilfe man damals die Kinoposter angebracht hat. Die Steinfassade wird unterbrochen von einem Marmorrelief von Américo Soares Braga. Unverbindliche Pläne, das Kino in alter Pracht wieder aufleben zu lassen, werden freudig aufgenommen.

5 ehemalige Architekturstudenten der »SCHULE VON PORTO«

271 **JOSÉ MARQUES DA SILVA**
1869–1947

Nach seiner Ausbildung in Porto zog Marques da Silva nach Paris, um seine Studien an der École Nationale Supérieure des Beaux-Arts fortzusetzen. Nach seiner Rückkehr machte er sich rasant einen Namen. Seine Arbeiten spielen eine wichtige Rolle in der Kulturlandschaft der Stadt, darunter der Bahnhof São Bento (1896), das Teatro Nacional São João (1910) und die Casa de Serralves mit Gärten (1925).

272 **ALFREDO VIANA DE LIMA**
1913–1991

Viana de Lima ist neben Keil do Amaral, Arménio Losa und Januário Godinho Mitglied der zweiten Generation modernistischer Architekten in Porto. Zu seinen wichtigsten Werken zählen die Wirtschaftliche Fakultät der Universität von Porto (1974), der Wohnblock Costa Cabral (1952) und sein eigenes Wohnhaus (Casa das Marinhas) in Esposende, heute ein Hausmuseum.

273 **FERNANDO TÁVORA**
1923–2005

Távora ist Absolvent der Schule der schönen Künste in Porto und wurde später Professor und eine Schlüsselfigur in deren Modernisierung. Siza und Souto de Moura, beide Empfänger des Pritzker-Preises, sind seine ehemaligen Studenten, und wie Letzterer einst sagte: »Távora ist der Vater der ›Schule von Porto‹, Europas Urgroßvater.«

274 **ÁLVARO SIZA VIEIRA**
*1933

Der Architekt und Dozent Álvaro Siza wird als bester lebender Architekt Portugals gehandelt. Er ist bekannt für seinen minimalistischen, ehrlichen Ansatz, der als »poetischer Modernismus« beschrieben wird. In seinen eigenen Worten: »Architekten erfinden nichts; sie formen die Wirklichkeit um.« 1992 erhielt er den berühmten Pritzker-Preis für seine maßgebliche Rolle bei der Restaurierung des brandgeschädigten Chiado-Viertels in Lissabon.

275 **EDUARDO SOUTO DE MOURA**
*1952

Noch während er Architektur studierte, begann Souto de Moura bereits sein Praktikum bei Siza, für den er fünf Jahre lang arbeitete. Er befolgte den Rat seines Mentors und eröffnete 1980 sein eigenes Studio. Als er 2011 mit dem Pritzker-Preis ausgezeichnet wurde, lobte die Jury seine »einzigartige Fähigkeit, die Wirklichkeit anzunehmen und gleichzeitig Abstraktion anzuwenden«.

5 Projekte in Porto von
ÁLVARO SIZA VIEIRA

276 **CASA DE CHÁ DA BOA NOVA**
Rua da Boa Nova
Leça da Palmeira,
Matosinhos ⑨
+351 22 994 0066
casadecha daboanova.pt

Das auf Meeresfelsen in Leça da Palmeira erbaute »Boa Nova-Teehaus« wirkt wie eine natürliche Erweiterung der Landschaft. Das 1963 vollendete Projekt war eines der ersten des Architekten Álvaro Siza Vieira. In den 1990er-Jahren zerstörte ein heftiger Sturm fast die gesamte Inneneinrichtung. 2013 baute Siza das Teehaus zu einem Restaurant für den portugiesischen Küchenchef Rui Paula um.

277 **PISCINA DAS MARÉS**
Avenida da Liberdade
Leça da Palmeira,
Matosinhos ⑨
+351 22 995 2610

Der »Gezeitenpool« in Leça da Palmeira ist ein tolles Beispiel für Sizas Talent, Design und Natur miteinander in Einklang zu bringen. Dieser 1966 eröffnete Komplex besteht aus zwei Salzwasserbecken, die man aus den Felsen geschlagen hat, plus Umkleiden und ein Café. Eine bemerkenswerte architektonische Arbeit, die im Sommer ein beliebter Rückzugsort ist.

278 FACULDADE DE ARQUITECTURA DA UNIVERSIDADE DO PORTO

Via Panorâmica
Edgar Cardoso 215
Lordelo do Ouro ⑦
+351 22 605 7100
sigarra.up.pt

Siza erhielt den Auftrag, den Campus der Architekturschule von Porto zu entwerfen, an der er selbst früher studiert hat. Das Projekt wurde zwischen 1985 und 1996 verwirklicht und setzt sich zusammen aus zehn Pavillons, die mittels unterirdischer Passagen miteinander verbunden sind. Der minimalistische zweigeschossige Carlos-Ramos-Pavillon mit Ateliers für die Studierenden war einer der ersten, die errichtet wurden.

279 MUSEU DE ARTE CONTEMPORÂNEA DE SERRALVES

Rua Dom João
de Castro 210
Lordelo do Ouro ⑦
+351 22 615 6500
serralves.pt

Das Museum für Moderne Kunst in Porto ist ein weiteres architektonisches Wunderwerk von Álvaro Siza. Spatenstich war 1991 mit einer Bauzeit von acht Jahren. Die zeitgenössischen weißen Galerien Sizas fügen sich voller Anmut in die Stadtlandschaft und den bereits vorhandenen Serralves-Park ein. Das Museum hat 14 minimalistische Ausstellungsräume, die sich auf drei Etagen verteilen.

280 BAIRRO DA BOUÇA

Rua da Boavista /
Rua das Águas Férreas
Cedofeita ①

Dieser Komplex aus über 100 Stadthäusern, die in vier Reihen angelegt sind, befindet sich im Schatten einer großen Lärmschutzmauer. Zweck des Bairro da Bouça waren neue Sozialwohnungen für die Arbeiterklasse. Der Entwurf stammt von Siza, der nach dem Coup von 1974 Mitglied der Designergruppe SAAL wurde.

5 Projekte in Porto von
EDUARDO SOUTO DE MOURA

281 **CASA DAS ARTES**
Rua Ruben A 210
Lordelo do Ouro ⑦
+351 22 011 6350

Dieses auffällige Bauwerk markiert den Beginn von Souto de Mouras Karriere. Das »Haus der Künste« wurde 1991 auf dem Grundstück eines privaten 20er-Jahre-Herrenhauses fertiggestellt. Souto de Moura war verantwortlich für die Restaurierung der Gärten sowie für eine neue Kultureinrichtung, u. a. mit Kino und Auditorium.

282 **PORTOS METROSTATIONEN**
Verschiedene Orte

Portos Metrostationen haben alle ein bemerkenswert minimalistisches Design dank der architektonischen Meisterleistung von Souto de Moura. Trindade, São Bento, Bolhão und Casa da Música sind nur einige der Stationen, auf die Architektur-Fans unbedingt einen Blick werfen sollten.

283 **RESIDENZEN AM PRAÇA DE LIÈGE**
Praça de Liège 102
Foz do Douro ⑧

Das an einem hübschen Platz gelegene schlanke Betongebäude besteht aus drei Wohnungen und wurde 1994 fertiggestellt. Es ist ein tolles Beispiel für Souto de Mouras Fähigkeit, die Moderne unauffällig in die Stadtlandschaft zu integrieren.

284 CANTAREIRA-GEBÄUDE

Rua do Passeio Alegre 212
Foz do Douro ⑧

Dieses Wohnhaus zeichnet sich durch die einzigartige Art und Weise aus, wie die Stockwerke einander überlagern. Die Etagen sind alle ein wenig verdreht, sodass der Eindruck von Bewegung entsteht. Drinnen hat man durch die abweichenden Ausrichtungen unterschiedliche Blickrichtungen.

285 HAUS IN DER RUA DO TEATRO

Rua do Teatro 158
Foz do Douro ⑧

Dieses Gebäude, Mitte der 1990er-Jahre erbaut, hat eine sehr zurückgenommene Fassade, bestehend aus Eisenprofilen, Verzinkung und Schiefer. Die bodentiefen Fenster haben Aluminiumjalousien. Halten Sie Ausschau nach dem schmalen Durchlass, der zum Innenhof führt. Das Bauwerk befindet sich in Foz do Douro, nur wenige Blocks vom Meer entfernt.

282 PORTOS METROSTATIONEN

5 unvergessliche ZEITGENÖSSISCHE Bauwerke

286 **CASA DA PONTE DA ARRÁBIDA (CASA D'ORO)**
Rua do Ouro 797
Lordelo do Ouro ⑦

Dieser beeindruckende Betonbau hängt quasi direkt über dem Douro. Er wurde ursprünglich von José das Neves Galhoz als Hilfsbau für die Errichtung der Ponte Arrábida entworfen, die nur wenige Schritte entfernt ist. Seitdem hat das Bauwerk einige Designabwandlungen durch andere Architekten durchlaufen. Heute ist es das Zuhause des italienischen Restaurants Casa d'Oro.

287 **KREUZFAHR-TERMINAL PORTO DE LEIXÕES**
Rua do Godinho
Matosinhos ⑨
+351 22 999 0700
apdl.pt

Für den Hafen von Leixões entwarf der Architekt Luís Pedro Silva ein unübersehbares, einem sich schlängelnden Band ähnelndes Gebäude, über das die Passagiere zu ihren Kreuzfahrtschiffen gelangen. Die einzigartige Geometrie und die Lage 800 Meter vor der Küste sind eine technische Meisterleistung, die jedoch auch die Liebe zum Detail nicht außer Acht lässt, zum Beispiel bei der reflektierenden verwinkelten Kachelfassade.

288 TELEFÉRICO DE GAIA: ESTAÇÃO ALTA E ESTAÇÃO BAIXA

Rua Rocha Leão 236 / Avenida de Ramos Pinto 331
Santa Marinha, Vila Nova de Gaia ⑪
+351 22 374 1440
gaiacablecar.com

Die Seilbahn von Gaia ist ein Projekt des Architektenduos Francisco Vieira de Campos und Cristina Guedes (Menos é Mais). Die zwei Haltestellen sind ein zeitgemäßer Coup. Die aus Beton erbaute »obere Station« lehnt sich über den Hügel am oberen Ende des Jardim do Morro an; die »untere Station« ist dank der Metallstreifen, die sie umfassen, von allen Seiten einsehbar.

289 I3S

Rua Alfredo Allen 208
Paranhos ⑥
+351 22 607 4900
i3s.up.pt

Das i3S-Konsortium bringt vier Institutionen und Forscher aus verschiedenen Schulen der Universität von Porto zusammen und zielt darauf ab, ein wichtiger europäischer Spieler in den Gesundheitswissenschaften und -technologien zu werden. Zweifelsohne hat es dafür bereits ein spektakuläres Gebäude, das diesen Ambitionen gerecht wird. Der Wissenschaftskomplex des Architekten João Pedro Serôdio wurde 2016 fertiggestellt.

290 HAUPTQUARTIER VON VODAFONE

Avenida da Boavista 2949
Lordelo do Ouro ⑦

Wenn Sie auf Bauwerke stehen, die außerirdischen Raumschiffen ähneln, dann werden Sie beim Hauptquartier von Vodafone voll auf Ihre Kosten kommen. Dieses fünfstöckige Gebäude besteht aus einer Betonhülle mit unterschiedlich zugeschnittenen Fenstern – ein Entwurf des ansässigen Architekturbüros Barbosa & Guimarães.

5 ARCHITEKTEN *und* LOKALE PROJEKTE, *die man sich anschauen sollte*

291 MENOS É MAIS
menosemais.com

Das Motto des Architektenduos Cristina Guedes und Francisco Vieira de Campos lautet »weniger ist mehr«. Eines ihrer ersten Projekte war das imposante Café do Cais (1994), ein minimalistisches, voll verglastes Café direkt am Fluss in Ribeira. Ebenfalls zu nennen sind ein atemberaubendes Boutique-Hotel in der Douro-Region (Casa do Rio) und die Seilbahnstationen in Gaia.

292 PEDRA LÍQUIDA
pedraliquida.com

Dieses Architektur- und Ingenieurbüro wird von Alexandra Grande, Nuno Grande und Daniela Coutinho geleitet. Sie leisten erstklassige Arbeit dabei, städtische Bauwerke zu renovieren und neu zu erfinden. Unter anderem stecken sie hinter ein paar der coolsten Boutique-Hotels der Stadt wie dem Casa do Conto und dem Tipografia do Conto.

293 LUÍSA PENHA

Luísa Penha machte 1986 ihren Abschluss an der »Schule von Porto«. Sie leitet ihr eigenes unabhängiges Architekturbüro und konstruierte elegant-moderne Bauten voller raffinierter Details. Schauen Sie sich zum Beispiel das geniale Wohnhaus am Praça de Liége 255 an sowie das Duas Portas, ein restauriertes Stadthaus aus dem 19. Jahrhundert, das man in ein Boutique-Gästehaus umgewandelt hat.

294 CARLOS CASTANHEIRA

carloscastanheira.pt

Castanheira arbeitet seit seiner Studienzeit in den 1980er-Jahren mit Álvaro Siza zusammen. Bekannt vor allem wegen seiner Arbeiten im Ausland, hat er sich kürzlich an einer Handvoll Projekten in Porto und Umgebung beteiligt, darunter das atemberaubende Baumwipfelerlebnis in Serralves und das Sport- und Wellnessresort FeelViana.

295 GUILHERME MACHADO VAZ

guilherme machadovaz.pt

Machado Vaz hat verschiedene Architekturprojekte für den Stadtbezirk Matosinhos geleitet, darunter den hölzernen Gartenpavillon gegenüber dem Rathaus von Matosinhos und jüngst das vielgelobte Architekturmuseum Casa da Arquitectura. Abgesehen davon hat er sich in viele Wohnprojekte eingebracht, wie zum Beispiel in die wunderschöne Casa em Afife, die sich in einer bei *portuenses* beliebten Urlaubsregion befindet.

50 ORTE, DIE ENTDECKT WERDEN WOLLEN

5 *unvergessliche* AUSSICHTSPUNKTE

296 **PONTE DOM LUÍS I (OBERES BRÜCKENDECK)**
Santa Marinha,
Vila Nova de Gaia ⑪

Die Ponte Dom Luís I ist eine doppelstöckige Metallbogenbrücke über den Douro, die Porto und Vila Nova de Gaia miteinander verbindet. Beide Decks sind begehbar und reizvoll. Das obere hat jedoch nicht nur mehr Platz für Fußgänger, es ist selbstredend ein wenig höher gelegen und ermöglicht einen einzigarten Blick auf die Stadt von oben.

297 **JARDIM DO MORRO**
Avenida da República
Santa Marinha,
Vila Nova de Gaia ⑪

Dieser kleine Park befindet sich unweit der oberen Fahrbahn der Ponte Dom Luís I am Fuße der Serra do Pilar. Die abschüssige halbrunde Grünfläche zählt zu den besten Plätzen in Gaia, um die Aussicht auf die historische Stadt und das Flussufer zu genießen. Von hier aus lässt sich auch die Geografie Portos besser verstehen. Ein würdiger Kandidat im Wettbewerb um den schönsten Sonnenuntergang in Porto.

300 LEUCHTTURM VON FELGUEIRAS

298 JARDIM DOS SENTIMENTOS

298 **JARDIM DOS SENTIMENTOS**

Rua da Restauração 116
Massarelos ⑦

Der »Garten der Gefühle« wurde vom deutschen Landschaftsarchitekten Émile David entworfen. Der 1860 angelegte Park sollte das Gelände rund um den Palácio de Cristal bereichern. Die märchenhaften Gärten sind voller romantischer Pfade und Details und verzaubern mit einigen der schönsten Panaromen über den Douro und das Meer.

299 **PASSEIO DAS VIRTUDES**

Miragaia ④

Der »Pfad der Tugenden« ist ein kleiner Park, der besonders bei den jungen Kreativen beliebt ist, die an der lokalen Kunsthochschule studieren. Oft trifft man sie hier am Abend bei einem Drink an. Von hier aus hat man einen der schönsten Ausblicke der Stadt über den Fluss und die malerischen Dächer der Altstadt.

300 **LEUCHTTURM VON FELGUEIRAS**

Avenida Dom Carlos I
Foz do Douro ⑧

Der ikonische Leuchtturm von Porto ist auch bekannt unter dem Namen »Farol da Foz«. Er steht dort, wo der Douro in den Atlantik mündet. Foto-Fans kommen hier voll auf ihre Kosten, wenn bei Sturmwetter riesige Wellen voller Dramatik gegen den Leuchtturm krachen. An schöneren Tagen kann man sich bis zum Ende des Piers wagen und den herrlichen Blick auf Foz und Gaia in sich aufnehmen.

5
PARKS *und* GÄRTEN
für einen Spaziergang

301 **PARQUE DA CIDADE**
Estrada Interior da Circunvalação
Nevogilde / Aldoar ⑧

Portos größter Stadtpark war Mitte der 1990er-Jahre eine sehr willkommene Erweiterung zur Stadt. Er befindet sich in der Nähe zum Meer und zeichnet sich durch einen herrlichen Baumbestand und Seen voller Enten und Schwäne aus. Eine Handvoll Restaurants und Café sind hier ebenfalls angesiedelt.

302 **PARQUE DE SERRALVES**
Rua Dom João de Castro 210
Lordelo do Ouro ⑦
+351 22 615 6500
serralves.pt

Die Gärten der Serralves-Stiftung sind ein Muss für jeden Naturliebhaber. In den 1930er-Jahren entworfen vom französischen Landschaftsarchitekten Jacques Gréber, gibt es hier mehr als 8000 exotische Pflanzenarten sowie einen erstklassigen Baumwipfelpfad zu entdecken.

303 **JARDIM DO PASSEIO ALEGRE**
Rua do Passeio Alegre
Foz do Douro ⑧

Dieser bezaubernde Park liegt an der Mündung des Douro. Palmen, altmodische rote Sitzbänke, verschnörkelte Brunnen, ein kleines Café und ein Musikpavillon sorgen für eine unvergleichliche Atmosphäre. In der öffentlichen Toilette sind Jugendstilkacheln zu bestaunen!

304 JARDIM DAS VIRTUDES

Passeio das Virtudes
Miragaia ④

Der versteckte und eher ungewöhnliche »Garten der Tugenden« besteht aus terrassierten Rasenflächen, die, auf einem Hang im historischen Zentrum gelegen, den Fluss und Gaia überblicken. Hier befindet sich der größte Ginkgo-Baum Portugals. Mit einer Höhe von 35 Metern ist er sogar einer der größten Europas. Gepflanzt wurde er im 17. Jahrhundert.

305 JARDIM BOTÂNICO DO PORTO

Rua do Campo
Alegre 1191
Lordelo do Ouro ⑦
+351 22 040 8700
jardimbotanico.up.pt

Der botanische Garten von Porto ist ein kleiner, romantischer Park aus dem 19. Jahrhundert. Das Grundstück gehört zur ehemaligen Residenz der portugiesischen Dichterin Sophia de Mello Breyner Andresen. Der Jardim Botânico beheimatet exotische Pflanzen, zwei Teiche (einen mit Seerosen!), Gewächshäuser und eine beeindruckende Kakteen-Sammlung.

303 JARDIM DO PASSEIO ALEGRE

5
STADTVIERTEL,
die einen Besuch lohnen

306 MIRAGAIA

Dieses farbenfrohe Uferviertel liegt direkt neben dem bekannten Stadtteil Ribeira und steht jenem in Hinblick auf Lebhaftigkeit und Ambiente in nichts nach. Mit einer Vergangenheit als mittelalterliche Schiffswerft lädt das Viertel dazu ein, sich entlang gepflasterter Gassen und über steile Stufen auf eine atmosphärische Reise zurück in die Zeit zu begeben.

307 BAIRRO DAS ARTES
Cedofeita ①

Das »Viertel der Künste« in Cedofeita ist Standort zahlreicher Designer-Boutiquen, cooler Pensionen, hipper Cafés, Restaurants und kreativer Ateliers. Die Entwicklung dorthin begann in den 1990er-Jahren, als die ersten Kunstgalerien entlang der Rua de Miguel Bombarda auftauchten. In der Folge weitete sich die Künstlergemeinde auf die umliegenden Straßen aus, etwa die Rua do Rosário, die Rua do Breyner und die Rua de Adolfo Casais Monteiro.

308 BONFIM
⑥

Der Osten Portos erlebt eine neue Blüte – zahlreiche heruntergekommene Gebäude werden derzeit in coole Cafés, Galerien und Restaurants umgewandelt. Das Viertel Bonfim, Standort der Fakultät der schönen Künste, hat Bombarda nun als »neues Künstlerviertel« überholt. Mit seiner unverfälschten Atmosphäre und den vielen traditionellen Lokalen besteht kein Zweifel, dass Bonfim sich auch in den nächsten Jahren prächtig weiterentwickeln wird.

309 AFURADA
Vila Nova de Gaia ⑪

Das malerische Fischerdorf Afurada zählt zu Portos hübschesten Quartieren. Es ist voller farbenfroher Häuser, an den Grillständen wird frischer Fisch zubereitet, und die Sonnenuntergänge sind einfach umwerfend. Das Viertel ist zwar mit dem Auto oder dem Bus gut zu erreichen, doch die Fahrt mit dem Taxi-Boot (Flor do Gás) über den Douro ist ganz besonders empfehlenswert.

310 FOZ VELHA
Foz do Douro ⑧

Das »alte Foz« befindet sich – wie der Name suggeriert – im älteren Teil des Viertels Foz do Douro. Einst ein Dorf, beliebt bei wohlhabenden *portuenses*, die hier ihre Ferienhäuser hatten, heute Teil von Porto selbst. Foz Velha ist voller Charme mit seinen engen Gassen, der Nähe zum Wasser und den blühenden Gärten des Passeio Alegre.

5 *bezaubernde* PLÄTZE

311 LARGO DA PENA VENTOSA

Sé ④

Um zu diesem versteckten und unglaublich malerischen Platz im Viertel Sé im historischen Zentrum zu gelangen, müssen Sie eine Reihe von engen Gassen und Straßen durchwandern. Der Largo da Pena Ventosa ist gesäumt von farbenprächtigen, typisch schmalen Häusern.

311 LARGO DA PENA VENTOSA

312 **LARGO DE MOMPILHER**
Vitória ②

Der beliebte Platz im Herzen von Porto brummt vor Leben, denn zwei Bars haben hier ihre Tische und Stühle aufgestellt: das Candelabro und das Champanheira da Baixa. Zudem steht hier der hübsche rot-weiße Quiosque Japonês (japanischer Kiosk) aus den 1930er-Jahren, so benannt wegen seines fernöstlichen Aussehens.

313 **JARDIM DE SÃO LÁZARO**
Passeio de São Lázaro 33
Santo Ildefonso ③

Der Jardim de São Lázaro ist ein romantischer Garten, der 1834 seine Pforten öffnete. Portos ältester öffentlicher Park ist ein beliebter Treffpunkt für Studierende der benachbarten Fakultät der schönen Künste. Auch Senioren treffen sich hier gern zum Karten- oder Brettspiel.

314 **PRAÇA DE LIÈGE**
Foz do Douro ⑧

Dieser idyllische Gartenplatz war bis 1914 unter dem Namen Largo do Monte da Luz bekannt. Der Namenswechsel zollt den belgischen Bürgern von Liège Tribut, die beim Einmarsch der Deutschen im Ersten Weltkrieg Widerstand leisteten. Die Portugiesen empfanden Solidarität gegenüber den Belgiern, die sich neutral deklariert hatten.

315 **LARGO DA IGREJA DA FOZ**
Largo da Igreja
Foz do Douro ⑧

Dieser bezaubernde Platz liegt versteckt im Stadtviertel Foz Velha (Alt-Foz). Am Passeio Alegre steigt man die Stufen hinauf zum Largo da Igreja da Foz. Hier steht die beeindruckende Kirche São João Baptista da Foz.

5 *Kirchen mit*
ÜBERRASCHENDEN AUSBLICKEN

316 **IGREJA DE NOSSA SENHORA DA VITÓRIA**
Rua de São Bento da Vitória 2-A
Vitória ②
+351 22 200 7182

Die Kirche Unserer lieben Frau der Siege steht auf einer baufälligen Terrasse neben der Kirche Nossa Vitória. Sie ist ein echter Geheimtipp, denn von hier hat man einen umwerfenden Blick auf einige der bekanntesten Bauwerke der Stadt und den Douro. Der Aufstieg erfolgt über die malerischen Treppen von Vitória, die in einer schmalen Gasse hinter dem berühmten Mercado Ferreira Borges beginnen.

317 **MOSTEIRO DA SERRA DO PILAR**
Largo Aviz
Santa Marinha,
Vila Nova de Gaia ⑪
+351 22 014 2425

Besuchen Sie die öffentliche Terrasse des Klosters Serra do Pilar, im 17. Jahrhundert gegründet, für einen einzigartigen Blick auf das historische Porto. Kommen Sie am besten bei Nacht, wenn die Stadt vor einem ausgebreitet liegt wie ein magisch funkelnder Teppich. An klaren Abenden kann man von der Ponte Dão Luís I bis zur Ponte Arrábida schauen.

318 MIRADOURO DA RUA DAS ALDAS

320 CAPELA DO SENHOR DA PEDRA

318 **MIRADOURO DA RUA DAS ALDAS**
Rua das Aldas 1
Sé ④

Dieser Aussichtspunkt an der Igreja de São Lourenço (Lorenzkirche), auch bekannt als Igreja dos Grilos, schafft es selbst heute noch, sich wie ein Geheimtipp anzufühlen trotz seiner Nähe zur Kathedrale. Erklimmen Sie die Stufen links von der Kirche und erfreuen Sie sich an dem erhöhten Blick auf die barocke Jesuiten-Architektur und die Stadt.

319 **CAPELA DE SANTA CATARINA E SENHORA DOS ANJOS**
Largo Santa Catarina 3
Lordelo do Ouro ⑦

Um dieses Erlebnis (als Ganzes) noch zu steigern, sollte man am besten zu Fuß hierherkommen. Vom Flussufer aus gehen Sie die schmale Rua do Sr. da Boa Morte hinauf und nehmen dann die Stufen, die sich links auftun. Über die Treppe gelangen Sie zu den hübschen Barockkapellen Santa Catarina und Frau der Engel mit dem davorliegenden Platz. Genießen Sie von hier den Frieden und die unglaubliche Aussicht.

320 **CAPELA DO SENHOR DA PEDRA**
AM: PRAIA DE MIRAMAR
Alameda do Senhor da Pedra
Gulpilhares, Vila Nova de Gaia ⑪

Diese sechseckige Kapelle wurde 1686 auf einem Felsen direkt am Wasser errichtet. Der Tradition zufolge »gehört sie sowohl dem Meer als auch dem Land«. Sie ist die einzige Kirche der Welt, die mit dem Rücken zur See steht. Von dem umlaufenden Balkon aus lässt sich wunderbar die Meeresbrise einfangen, und das bei einem herrlichen Blick auf den langen Sandstrand von Miramar.

5 Porto-
GEHEIMTIPPS

321 **PÉRGOLA DA FOZ**
Avenida do Brasil 694
Nevogilde ⑧

Diese neoklassische 1930er-Jahre-Pergola am Strand von Foz do Douro ist eine einzigartige Attraktion. Es gibt wohl nicht viele *portuenses*, die hier nicht schon mal ein Foto mit dem Meer als Kulisse gemacht haben. António Enes Baganha war für dieses Projekt verantwortlich.

322 **CHALÉ SUÍÇO**
Rua do Passeio Alegre 900
Foz do Douro ⑧

Die »Schweizer Hütte« ist ein achteckiges Café in der Rua do Passeio Alegre. Das 1873 erbaute Häuschen wurde später von dem Schweizer Jácome Rasker erworben. Von sechs Kiosks in Porto ist er der einzige, den man betreten kann. Achten Sie auf die seltsame Widderfigur am Dach!

323 **LEUCHTTURM VON SÃO MIGUEL-O-ANJO**
Rua do Passeio Alegre 494
Foz do Douro ⑧

Dies ist Portugals ältester Renaissancebau und einer der ältesten Leuchttürme Europas. Er wurde 1538 vollendet und beherbergt heute außerdem eine Kapelle und die Guarda Fiscal. Die Einheimischen kennen ihn als »Pilotos«. Im Sommer macht es Spaß, den Kindern dabei zuzusehen, wie sie sich ins kühle Nass stürzen.

324 RUA DE SAMPAIO BRUNO

Santo Ildefonso ③

Calçada portuguesa bezeichnet die Tradition, Pflastersteine so kunstvoll zu verlegen, dass ein abstraktes oder sinnbildliches Mosaik entsteht. Trotz aller Proteste wurde 2005 ein beeindruckendes *calçada* in der Avenida dos Aliados mit Granit ersetzt. Ein Teil des alten Belags wurde jedoch zum Glück in die Rua de Sampaio Bruno verlegt, wo man ihn heute wieder bewundern kann.

325 CENTRO COMERCIAL STOP

Rua do Heroísmo 333
Bonfim ⑥
+351 22 537 3708

Die Eröffnung riesiger Einkaufszentren in den 90ern bedeutete für viele ältere, kleinere Shoppingzentren den Untergang. Zur Jahrtausendwende erkannten einige Musiker hierin jedoch auch eine Chance. Sie mieteten sich im Einkaufszentrum STOP ein und nutzten die Räume zum Proben. Eine talentierte Musikergemeinschaft ist heute Hauptmieter im STOP.

323 LEUCHTTURM VON SÃO MIGUEL-O-ANJO

5 der VERRÜCKTESTEN *Sehenswürdigkeiten*

326 **LAVADOURO PÚBLICO DA AFURADA**
Rua da Praia 147
São Pedro da Afurada,
Vila Nova de Gaia ⑪

Im Herzen des malerischen Fischerdorfs Afurada in Gaia steht ein öffentliches Waschhaus mit altmodischen Waschbecken, wo die Einheimischen ihre tägliche Wäsche per Hand erledigen. Die Kleidung, die zum Trocknen an improvisierten Wäschespinnen flattert, könnte genauso gut Teil einer modernen Kunstausstellung sein.

326 LAVADOURO PÚBLICO DA AFURADA

327 **FORTE DE SÃO FRANCISCO XAVIER**

Praça de Gonçalves Zarco 20
Nevogilde ⑧

Der Spitzname dieser Festung, »Castelo do Queijo« (Käseburg), hat sich so sehr eingebürgert, dass nur wenige Einheimische den wahren Namen kennen. Der Sage nach hat der Strandfelsen, auf dem die Burg erbaut wurde, Ähnlichkeit mit einem Käse. Drinnen gibt es ein winziges Museum mit historischen Waffen.

328 **FORTE DE SÃO JOÃO BAPTISTA DA FOZ**

Esplanada do Castelo
Foz do Douro ⑧

Die meisten Touristen schenken der Seefestung aus dem 16. Jahrhundert wenig Beachtung. Dabei bietet dieser spannende Ort herrliche Panoramen und noch dazu eine kleine Überraschung. Durch die steingerahmten Fenster der Festung sind die Sandplätze des Lawn Tennis Club da Foz zu bewundern.

329 **DESENHOS ERÓTICOS VON SIZA**

IN DER: METROSTATION SÃO BENTO
Praça de Almeida Garrett
Sé ④

Es ist superleicht, diese kleinen erotischen Zeichnungen in der Metrostation São Bento zu übersehen. Achten Sie auf die *Azulejo*-Kacheln auf einigen der Rundsäulen. Die Zeichnungen stammen vom Architekten Álvaro Siza.

330 **A MENINA NUA**

Avenida dos Aliados
Santo Ildefonso ③

Diese unübersehbare Statue von Henrique Moreira kennt man auch unter dem Namen *A Menina Nua* (»Das nackte Mädchen«), doch eigentlich heißt sie *Juventude* (»Jugend«). Die Plastik ist Teil eines Brunnens in der Avenida dos Aliados und befindet sich dort seit 1929.

5 *herrliche*
TREPPEN

331 ESCADAS DO CODEÇAL E DOS GUINDAIS
Sé ④

Der Aufstieg über diese 496 Stufen durch malerische Gassen macht richtig viel Spaß. Beginnend in Ribeira, erklimmen Sie die Codeçal-Stufen in Richtung Rua de Saraiva de Carvalho. Biegen Sie anschließend rechts ab in die Rua de Arnaldo Gama, dann nach unten, bis Sie zu den Guindais-Stufen gelangen. Am Ende erreichen Sie wieder das Flussufer.

332 ESCADAS DO CAMINHO NOVO
Miragaia ④

Diese hübsche enge Straße aus dem Jahr 1872 folgt einem Abschnitt der Muralha Fernandina (mittelalterliche Stadtmauer). Der Anfang der Stufen befindet sich in der Rua Nova da Alfândega, das Ende in der Rua da Tomás Gonzaga (oder umgekehrt).

333 ESCADAS DAS SEREIAS
Miragaia ④

Die Sereias-Stufen (Meerjungfrauen-Stufen) sind benannt nach dem benachbarten Palácio das Sereias aus dem 18. Jahrhundert. Die Fassade ist geschmückt mit zwei großen Meerjungfrauen-Statuen. Am Largo da Alfândega finden Sie den versteckten Aufgang aus 99 Stufen.

334 ESCADA DAS VERDADES
Sé ④

Diese bezaubernde Treppe erreicht man über die Rua de Dom Hugo. Heute bekannt als »Treppe der Wahrheit«, nannte man sie früher häufig »Treppe der Lügen«. Angeblich saßen hier die Frauen zusammen, um Nachrichten auszutauschen … wahre genauso wie falsche.

335 ESCADAS DO BARREDO
São Nicolau ④

Von der »Treppe der Wahrheit« gehen Sie unter dem mittelalterlichen Arco das Verdades hindurch, biegen rechts ab und gelangen so zu den Escadas do Barredo. Auf einer Länge von 160 Metern führen Sie diese steilen Stufen durch eines der historischsten Viertel der Stadt. Das Ende ist in der Rua dos Canastreiros unweit des Flussufers. Wenn Sie es sich zutrauen, drehen Sie um und gehen Sie im Anschluss wieder zurück.

331 ESCADAS DO CODEÇAL E DOS GUINDAIS

5 der besten

PORTWEIN-KELLEREIEN

336 **THE GRAHAM'S 1890 LODGE**
Rua do Agro 141
Santa Marinha,
Vila Nova de Gaia ⑪
+351 22 377 6490
grahams-port.com

Die Gebrüder William und John Graham waren eigentlich Textilunternehmer, doch als sie 1820 einmal 27 Fässer Portwein als Tilgung für eine Schuld annahmen, änderte sich für sie alles. Die Graham's Lodge ist eine aktive Weinkellerei, die sich nach Voranmeldung besichtigen lässt. Hier gibt es eine Weinstube mit Panoramaterrasse, perfekt für ein Glas gekühlten Old Tawny Port.

337 **RAMOS PINTO**
Avenida de Ramos Pinto 380
Santa Marinha,
Vila Nova de Gaia ⑪
+351 22 370 7000
ramospinto.pt

Wer sich für Markenbildung und Werbung interessiert, findet in dieser Weinkellerei eine spannende alternative Sichtweise. Neben Informationen zur Herstellung und Reifung von Weinen erfahren Sie hier mehr über die Geschichte der Marke, genau genommen über den Gründer Adriano Ramos Pinto, der ein wahrer Visionär mit innovativen Marketingkompetenzen war.

338 FERREIRA

Avenida de Ramos Pinto 70
Santa Marinha, Vila Nova de Gaia ⑪
+351 22 374 6106
winetourism.sogrape.com

Dona Antónia Adelaide Ferreira (1811 bis 1896), liebevoll Ferreirinha genannt, spielte eine wichtige Rolle in der Geschichte der Douro-Region. Sie war eine hochgeschätzte Unternehmerin in einer männlich dominierten Branche und bekannt für ihre Großzügigkeit gegenüber Notleidenden. Bei einem Besuch des Ferreira-Kellers erfährt man mehr über diese erstaunliche Frau.

339 COCKBURN'S PORT LODGE

Rua de Serpa Pinto 346
Santa Marinha, Vila Nova de Gaia ⑪
+351 91 300 7950
cockburns.com

Die Geschichte von Cockburn's geht zurück auf das Jahr 1815, als zwei schottische Brüder bei ihrer Fahrt auf dem Douro auf ein paar Mönche stießen, die einen süßen lokalen Wein tranken. Heute ist Cockburn's eine der größten Portweinkellereien in Gaia. Ein Besuch ermöglicht es Ihnen, die täglichen Prozesse in einem arbeitenden Betrieb mitzuerleben. Vielleicht sehen Sie sogar, wie ein Fass hergestellt wird.

340 CROFT

Rua do Barão de Forrester 412
Santa Marinha, Vila Nova de Gaia ⑪
+351 22 010 9825
croftport.com

Mit einer ereignisreichen Geschichte, die bis ins Jahr 1588 zurückreicht, ist Croft der älteste Portweinhersteller, der bis heute im Geschäft ist. Dank des Unternehmergeistes war Croft 2008 einer der ersten Produzenten, die einen Roséportwein anboten: den Croft Pink. Die Kellerei in Gaia ist ein bisschen versteckter als die meisten, was das Erlebnis ein wenig entspannter machen kann.

5 der besten

FAHRTEN

341 **TRAM-LINIE 1**
Von Ribeira nach Foz
Rua do Passeio Alegre 564
Foz do Douro ⑧

Trams sind aus dem Straßenbild Portos fast komplett verschwunden, obwohl sie einst zu den beliebtesten Verkehrsmitteln zählten. Die historische Linie 1 mit ihrer prächtigen Original-Holzausstattung aus den 1930er-Jahren holte man jedoch aus dem Depot zurück. Erleben Sie eine Fahrt von der Igreja São Francisco in Ribeira zum Jardim do Passeio Alegre in Foz.

344 TELEFÉRICO DE GAIA

342 **FLOR DO GÁS – TRAVESSIA FLUVIAL**
São Pedro da Afurada,
Vila Nova de Gaia ⑪

Um das malerische Afurada in Gaia zu besichtigen, nehmen Sie das Taxi-Boot »Flor do Gás« am Cais de Lordelo do Ouro. Es wird Sie in weniger als fünf Minuten auf die andere Seite Portos zum Cais de Afurada übersetzen.

343 **FUNICULAR DOS GUINDAIS**
Rua da Ribeira
Negra 314 / Rua de
Arnaldo Gama 54
Sé ④

Diese atemberaubende zweiminütige Fahrt mit der Seilbahn wird regelmäßig von Einheimischen genutzt. Sie verbindet das Flussufer mit dem auf einer steilen Klippe gelegenen Batalha. Bereits 1891 fertiggestellt, hatte ein Unfall zwei Jahre später zur Folge, dass die Verbindung für ein ganzes Jahrhundert geschlossen wurde.

344 **TELEFÉRICO DE GAIA**
Avenida de Ramos
Pinto 331 / Rua
Rocha Leão 236
Santa Marinha,
Vila Nova de Gaia ⑪
+351 22 374 1440
gaiacablecar.com

Für eines der atemberaubendsten Panoramen auf das historische Porto, Ribeira, den Fluss und die Portwein-Kellereien nutzen Sie die fünfminütige Fahrt mit der Seilbahn vom Cais de Gaia am Flussufer zum Jardim do Morro, unweit der oberen Fahrbahn der Ponte Dom Luís I.

345 **HELITOURS PORTO SKY EXPERIENCE**
Alameda de
Basílio Teles
Massarelos ⑦
+351 22 543 2464
portoandlisbon.pt/porto/helitours

Ein Helikopter-Rundflug ist eine faszinierende Option, um Porto auf ganz neue Art und Weise zu entdecken. Helitours bietet eine Reihe von zehn- bis zwanzigminütigen Flügen an. Die Preise starten bei 175 Euro für bis zu drei Passagiere. Maßgeschneiderte Rundflüge sind ebenfalls buchbar.

50 ORTE FÜR KULTUR

5 MUSEEN *für* KUNSTLIEBHABER

346 **MUSEU DE ARTE CONTEMPORÂNEA DE SERRALVES**
Rua Dom João de Castro 210
Lordelo do Ouro ⑦
+351 22 615 6500
serralves.pt

Portos Museum für Zeitgenössische Kunst stellt die Werke berühmter portugiesischer und internationaler Künstler aus, zum Beispiel von Olafur Eliasson, Paula Rego, Joana Vasconcelos, Marisa Merz und Joan Miró. Der Entwurf des 1999 eröffneten Museums stammt vom lokalen Architekten Álvaro Siza. Besuchen Sie unbedingt auch die Gärten des Parque de Serralves nebenan.

348 CASA DA ARQUITECTURA

347 **MUSEU NACIONAL DE SOARES DOS REIS**

Rua de Dom Manuel II 44
Miragaia ④
+351 22 339 3770
museusoaresdosreis.gov.pt

Dieses 1833 gegründete Museum war das erste, das sich zur Gänze auf Kunst aus Portugal spezialisierte. Dazu zählen auch die Werke des Bildhauers António Soares dos Reis, nach dem es benannt wurde. Untergebracht im eleganten Palácio dos Carrancas, umfasst die umfangreiche Sammlung Gemälde, Skulpturen, Möbelstücke, Metallarbeiten und Keramiken.

348 **CASA DA ARQUITECTURA**

Avenida Menéres 456
Matosinhos ⑨
+351 22 766 9300
casadaarquitectura.pt

Das »Haus der Architektur« befindet sich in einem historischen Gebäude, das vom portugiesischen Architekten Guilherme Machado Vaz restauriert wurde. Zusätzlich zu den wechselnden Ausstellungen gibt es ein umfangreiches Archiv.

349 **CASA SÃO ROQUE – ART CENTER**

Rua São Roque da Lameira 2092
Campanhã ⑥
+351 96 369 5822
casasroque.art

Dieses *palacete* (eine Art Herrenhaus) aus dem 18. Jahrhundert in Campanhã war einst bekannt als das Palacete Ramos Pinto. Mit seinem herrlichen Jugendstil-Ambiente und den wunderschönen Gärten ist es heute ein Ort für zeitgenössische Kunstausstellungen.

350 **CENTRO PORTUGUÊS DE FOTOGRAFIA**

Largo Amor de Perdição
São Nicolau ④
+351 22 004 6300
cpf.pt

Das Portugiesische Zentrum für Fotografie befindet sich im ehemaligen Stadtgefängnis beim Torre dos Clérigos. Neben den Dauer- und Wechselfotoausstellungen erwartet die Besucher hier eine beeindruckende Sammlung an Kameras, die zum Teil über 100 Jahre alt sind. Der Eintritt ist kostenlos.

5

KURIOSE *Museen*

351 **MUSEU DO CARRO ELÉCTRICO**
Alameda de Basílio Teles 51
Massarelos ⑦
+351 22 615 8185
museudocarro electrico.pt

Das Tram-Museum stellt Portos wunderschöne historische Straßenbahnen aus. Das kleine, aber feine Museum befindet sich in einem ehemaligen Elektrizitätswerk neben dem echten (und aktiven) Straßenbahndepot. Im oberen Stock gibt es eine herrliche Sammlung von elektrischen Maschinen.

352 **MUSEU JUDAICO DO PORTO**
Rua de Guerra Junqueiro 325
Massarelos ⑦
+351 91 176 8596

Die Kadoorie-Synagoge in Lordelo do Ouro ist die größte Synagoge auf der Iberischen Halbinsel und sogar eine der größten Europas. Im Erdgeschoss befindet sich ein Museum, das sich mit der spannenden Geschichte der jüdischen Gemeinde in Porto befasst.

353 **MUSEU NACIONAL DA IMPRENSA**
Estrada Nacional 108–216
Campanhã ⑥
+351 22 530 4966
museudaimprensa.pt

Das Presse-Museum ist ein Geheimtipp für Freunde der Typografie und alle, die gern mehr über die Geschichte des Buchdrucks herausfinden möchten. 1997 gegründet, bietet es eine kurzweilige Sammlung von alten Druckpressen aus allen Epochen, inklusive Lithografie- und Setzmaschinen.

354 WOW PORTO – THE WORLD OF WINE

Rua do Choupelo 39
Santa Marinha,
Vila Nova de Gaia ⑪
+315 22 012 1200
wow.pt

Das im Sommer 2020 eröffnete WOW ist ein riesiger Komplex in Gaia, wo sich alles um Wein dreht. Er setzt sich aus mehreren Museen und Erlebnisangeboten zusammen, sodass sowohl Amateure als auch kundige Profis auf ihre Kosten kommen. Natürlich kann man hier auch einfach nur bei einem entspannten Gläschen Wein die herrliche Aussicht auf den Douro genießen.

355 MUSEU DOS TRANSPORTES E COMUNICAÇÕES

IM: EDIFÍCIO DA ALFÂNDEGA
Rua Nova da
Alfândega 59
Miragaia ④
+351 22 340 3000
amtc.pt

Das in der alten Zollstation von 1860 untergebrachte Museum ermöglicht einen Blick in die Verkehrs- und Kommunikationsgeschichte Portugals. Die Dauerausstellung im Erdgeschoss zeigt Autos, die einst im Besitz verschiedener Ex-Präsidenten der letzten hundert Jahre waren.

354 WOW PORTO – THE WORLD OF WINE

5 *faszinierende* MUSEUMSHÄUSER

356 **CASA DO INFANTE**
Rua da Alfândega 9
São Nicolau ④
+351 22 206 0400

Das »Haus des Prinzen« ist ein Wahrzeichen in Ribeira. Ein Gerücht besagt, dies sei das Geburtshaus von Heinrich dem Seefahrer, der 1394 das Licht der Welt erblickte. Heute gibt es in dem dreistöckigen Museum Ausstellungen, die sich mit der Geschichte des Gebäudes (ehemals ein Zollhaus) sowie den großen Entdeckungen Portugals beschäftigen. Besonders sehenswert ist das Modell des mittelalterlichen Porto.

357 **MUSEU ROMÂNTICO DA QUINTA DA MACIEIRINHA**
Rua de Entre-Quintas 220
Massarelos ⑦
+351 22 605 7000

Das »romantische Museum« befindet sich in den Gärten des Palácio de Cristal und der Casa Tait. Der König von Sardinien, Karl Albert (1798–1849), lebte in diesem großbürgerlichen Herrenhaus, wo er nach seiner Niederlage gegen die kaiserliche Armee von Österreich Zuflucht fand. Ein Großteil des Hauses mit seinen Gemälden und Antiquitäten ist für die Öffentlichkeit zugänglich, darunter eine kleine Kapelle und die Schlafkammer, in der der König verschied.

358 **CASA-MUSEU GUERRA JUNQUEIRO**
Rua de Dom Hugo 32
Sé ④
+351 22 200 3689

Dieses Herrenhaus aus dem 18. Jahrhundert war einst die Residenz von Guerra Junqueiro (1850–1923), einem portugiesischen Dichter, Schriftsteller und Politiker. Nach seinem Tod stiftete die Familie dem Stadtrat von Porto das Haus samt Habseligkeiten. Bei der Eröffnung 1942 war es das erste Museumshaus Portos. Die Sammlung umfasst wichtige dekorative Kunstwerke vom 15. bis zum 19. Jahrhundert.

359 **CASA MUSEU FERNANDO DE CASTRO**
Rua de Costa Cabral 716
Paranhos ⑥
+351 22 509 4625
museusoaresdosreis.gov.pt

Von außen betrachtet würden Sie niemals erahnen, was sich alles in diesem historischen Haus befindet. Fernando de Castro (1889–1952) war ein portugiesischer Dichter, Karikaturist und passionierter Kunstsammler. Sein Wohnhaus ist voller Gemälde, kirchlicher Skulpturen, Keramiken und Goldartefakte aus dem 17. bis 20. Jahrhundert. Noch beeindruckender ist die überschwängliche barocke Innengestaltung. Zutritt nur nach Voranmeldung.

360 **CASA E QUINTA DE VILLAR D'ALLEN**
Rua do Freixo 194
Campanhã ⑥
+351 22 530 2741
villardallenwines.com

Diese *quinta* (Anwesen) gehörte John Francis Allen, auch bekannt als João Allen, Kunstsammler und Spross einer britischen Familie mit engen Verbindungen zur Portweinproduktion. Obwohl sich das Haus und die herrlichen Gärten weiterhin in den Händen der Familie Allen befinden, sind sie heute für Besucher geöffnet. Ein seltenes Beispiel der Romantik aus dem 18. und 19. Jahrhundert in Porto.

5 der besten

KUNSTGALERIEN

361 **BAIRRO DAS ARTES**
Rua de Miguel Bombarda
Cedofeita ①

Es gibt über 20 Kunstgalerien in der und rund um die Rua de Miguel Bombarda, auch bekannt als »Künstlerviertel«. In der Tat hatten einige der besten Kunstgalerien in Lissabon genau hier in Porto ihre Anfänge, zum Beispiel die Galeria Múrias Centeno, die Galeria Quadrado Azul und Ó! Galeria. Der bekannteste Pionier war jedoch Fernando Santo, der hier 1993 seine erste Galerie eröffnete.

364 Ó! GALERIA

362 **GALERIA NUNO CENTENO**

Rua da Alegria 598
Bonfim ⑥
+351 93 686 6492
nunocenteno.com

Nuno Centeno ist ein einflussreicher Händler für zeitgenössische Kunst und ein regelmäßiger Besucher von Kunstmessen. Seine erste Galerie befand sich in der Miguel Bombarda. Heute ist seine Porto-Galerie in einem historischen Gebäude in Bonfim zu finden.

363 **GALERIA MUNICIPAL DO PORTO**

Rua de Dom Manuel II
Massarelos ⑦
+351 22 608 1063
galeriamunicipal doporto.pt

Die Galeria Municipal do Porto ist die offizielle zeitgenössische Kunstgalerie von Porto. Die Ausstellungen konzentrieren sich überwiegend auf neue Kunsttrends, oftmals umgesetzt mit multimedialen Mitteln. Zu finden ist sie inmitten der herrlichen Gärten des Palácio de Cristal.

364 **Ó! GALERIA**

Rua de Miguel Bombarda 61
Cedofeita ①
+351 93 055 8047
ogaleria.com

Diese Galerie hebt sich dank ihres formlosen Konzepts von anderen ab. Die Wände sind voll farbenfroher Illustrationen und Zeichnungen. Die exklusiven Einzeldrucke verschiedener Künstler können erworben werden. Außerdem sind hier Fanzines und Bücher erhältlich.

365 **SENHORA PRESIDENTA**

Rua Joaquim António de Aguiar 65
Bonfim ⑥
+351 91 158 9193

Das Senhora Presidenta, sowohl Kunstatelier als auch Galerie, befindet sich im aufstrebenden Viertel Bonfim. Die Gründer – drei Freunde – haben gemeinsam an der Fakultät der schönen Künste in Porto studiert. Der Fokus liegt auf der Förderung lokaler Künstler, von Keramiken über Illustrationen, Gemälden, Fotografien bis hin zu unabhängigen Veröffentlichungen.

5 *wunderschöne*

AZULEJOS

366 **BAHNHOF SÃO BENTO**
Praça de Almeida Garrett
Sé ④

Das Atrium des Bahnhofs São Bento ist mit 20.000 *Azulejo*-Fliesen ausgeschmückt, die, 1916 fertiggestellt, über elf Jahre von Jorge Colaço detailreich bemalt wurden. Die Bilder zeigen Landschaften, Volksszenen und historische Ereignisse wie die Schlacht von Valdevez (1140), die Ankunft von König Johann I. und Philippa of Lancaster in Porto (1387) und die Eroberung von Ceuta (1415).

367 **IGREJA DE SANTO ILDEFONSO**
Rua de Santo Ildefonso 11
Santo Ildefonso ③
+351 22 200 4366
santoildefonso.org

Die Kirche von Santo Ildefonso wurde 1739 vollendet, aber erst später, 1932, brachte man die 11.000 atemberaubenden Fliesen an Front und Seiten der Glockentürme an. Die von Jorge Colaço gefertigten Kacheln zeigen Episoden aus dem Leben des heiligen Ildefonso und figurative Szenen aus den Evangelien.

368 ESTAÇÃO DE METRO DO BOLHÃO

Rua de Fernandes Tomás 554
Santo Ildefonso ③

Der Maler, Keramiker und Bildhauer Júlio Resende (1917–2011) stammte aus Porto. Auch heute noch gilt er als einer der wichtigsten Vertreter des Neorealismus. Die Metro-Station von Bolhão schmückt ein langes, von ihm entworfenes Bild aus *azulejos*, das die Geschäftigkeit des lokalen Bolhão-Markts würdigt. Das Wandbild »Ribeira Negra« am Ribeira-Tunnel zählt zu seinen geschätztesten Kunstwerken.

369 BANCO DE MATERIAIS

Praça de Carlos Alberto 71
Vitória ②
+351 22 339 3480

Die »Bank der Materialien« ist eine Sammlung von dekorativen Gegenständen, die typisch sind für die Architektur Portos, zum Beispiel Fliesen, Stuck, Eisenarbeiten und andere Architekturbesonderheiten. Tausende einzigartige *Azulejo*-Keramikkacheln wurden auf diese Weise bereits aus verlassenen oder abgerissenen Gebäuden gerettet. Man spendet sie Bürgern, die damit ihre Häuser renovieren. So wird die reiche Historie der Stadt bewahrt.

370 SALA VIP – CASA DA MÚSICA

Avenida da Boavista 604–610 – 4. Stock
Cedofeita ①
+351 22 012 0220
casadamusica.com

Im vierten Stock der Casa da Música gibt es einen ganz besonderen VIP-Raum, der mit *Azulejo*-Fliesen von Viúva Lamego eingekleidet ist, seit 1849 die Meister der portugiesischen Kachel. Der Ausblick von hier ist nicht weniger umwerfend. Ist der Raum nicht wegen einer Privatveranstaltung belegt, kann man ihn als Teil einer Führung durch die Casa da Música besichtigen.

5 atemberaubende
SKULPTUREN UNTER FREIEM HIMMEL

371 **SHE CHANGES – ODER: DIE ANEMONE**
Praça da Cidade do Salvador
Matosinhos ⑨
echelman.com/project/she-changes

Bei einem Besuch von Matosinhos stoßen Sie höchstwahrscheinlich auf eine riesige und markante Fischnetzskulptur, die sich sacht im Wind bewegt. »She Changes« – die Einheimischen nennen sie lieber *Anémona* (Anemone) – ist eine Huldigung an die lokalen Fischer. Die Plastik wurde 2005 von der US-Künstlerin Janet Echelman geschaffen.

372 **THIRTEEN LAUGHING AT EACH OTHER**
IM: JARDIM DA CORDOARIA
Campo dos Mártires da Pátria
Vitória ②

Im Sommer ist der Jardim da Cordoaria der perfekte Ort, um der Hitze zu entkommen. Inmitten des Grüns findet man vier Parkbänke aus Bronze und Stahl, auf denen 13 fast lebensgroße Figuren sitzen und sich gegenseitig anlachen – die Arbeit des spanischen Bildhauers Juan Muñoz, die auch Sie zum Lachen bringen wird.

373 **ANJO MENSAGEIRO**
Rua de Sobreiras
Lordelo do Ouro ⑦

Der »Botenengel« ist eine Bronzeplastik von Irene Vilar (1930–2008), einer ansässigen Künstlerin, die als Bildhauerin, Malerin und Medailleurin arbeitete. Die Skulptur wurde 2001 aufgestellt.

374 **PLANTOIR**
IM: PARQUE DE SERRALVES
Avenida do Marechal Gomes da Costa 349
Lordelo do Ouro ⑦

»Plantoir«, eine überdimensionierte Gärtnerkelle, ist eine unterhaltsame Kunstinstallation im Park der Serralves-Stiftung. Die Plastik wurde 2001 von den Künstlern Claes Oldenburg und Coosje van Bruggen geschaffen, die vor allem für ihre meist übergroßen Darstellungen von Alltagsgegenständen bekannt sind.

375 **CUBO DA RIBEIRA**
Praça da Ribeira
São Nicolau ④

Bei archäologischen Arbeiten in den 1980er-Jahren entdeckte man mitten auf dem Ribeira-Platz einen Brunnen aus dem 17. Jahrhundert. Der portugiesische Künstler José Rodrigues schenkte dem Brunnen ein zweites Leben, indem er einen schwebenden Würfel darüber platzierte. Daher der Name »Cubo da Ribeira« (Der Würfel von Ribeira).

374 PLANTOIR

5 *Orte, wo man* STREET-ART *entdecken kann*

376 **QUEM ÉS, PORTO?**
VON ±MAISMENOS±
Rua da Madeira 182–186
Sé ④

An der Vorderseite des Nachtclubs Gare sind 3000 *Azulejo*-Fliesen angebracht, auf denen man von weiter weg lesen kann: »Quem és, Porto?« (Wer bist du, Porto?) Wer genauer hinschaut, sieht, dass jede einzelne Fliese eine Antwort auf diese Frage bereithält. Das von Einheimischen und Touristen erarbeitete Projekt wurde vom lokalen Street-Art-Künstler ±MAIS-MENOS±, Miguel Januário, angeleitet.

379 MIRA

377 LOOK AT PORTO

VON VHILS

Rua da Atafona 6
Miragaia ④

Vhils (Alexandre Farto) erschafft poetische Bilder in urbanen Räumen. Dazu bohrt er sich durch Lagen aus Plakaten, Dreck und Gips, um ein Tiefenrelief zu erzeugen. »Look at Porto« ist Vhils erstes öffentliches Kunstwerk in Porto. Seiner Aussage nach schauen die Augen der porträtierten Figur »poetisch hinaus in die Stadt und in ihre alten Stadtteile«.

378 HALF RABBIT

VON BORDALO II

Rua Guilherme Gomes Fernandes 42
Santa Marinha, Vila Nova de Gaia ⑪

An einer Gebäudeecke in Vila Nova de Gaia steht eine riesige Kaninchenstatue aus Abfällen und recycelten Materialien wie Stahl, Dosen, Holz und Altreifen. Dieses umwerfende Street-Art-Kunstwerk ist das Werk des lokalen Künstlers Bordalo II, der soziale und ökobewusste Botschaften in seine Kunst mit einbringt.

379 MIRA

VON DANIEL EIME

Largo de Artur Arcos
Miragaia ④

Daniel Eime ist ein bildender Künstler aus Portugal und Meister der Stencil-Technik. Bei einem Spaziergang durch Miragaia wird Ihnen garantiert sein Wandbild »Mira« auffallen, ein übergroßes Kunstwerk, das das Gesicht eines Anwohners zeigt.

380 STROMKÄSTEN

Eine Ausschreibung in Porto rief einmal die Kreativen der Stadt dazu auf, die städtischen Stromkästen in Kunstwerke zu verwandeln. Bestimmt werden Sie auf Ihren Spaziergängen auf einige stoßen, etwa in der Rua das Flores, auf dem Largo São Domingos oder der Rua de Cedofeita.

5 *klassische*

THEATER *und* KINOS

381 **TEATRO RIVOLI**
Rua do Bonjardim 143
Santo Ildefonso ③
+351 22 339 2200
teatromunicipal doporto.pt

Das Teatro Rivoli ist einer der wichtigsten Schauplätze für darstellende Künste in Porto. Mit seiner auffälligen Art-déco-Fassade ist es zudem einer der glamourösesten. Hier werden portugiesische und internationale Tanz-, Theater-, Musik-, Marionetten- und moderne Zirkusveranstaltungen sowie Filme aufgeführt. Im dritten Stock ist das Café Rivoli untergebracht.

382 **TEATRO CARLOS ALBERTO**
Rua das Oliveiras 43
Vitória ②
+351 22 340 1900
tnsj.pt

Dieses kleine und emblematische Schauspielhaus steht am Praça de Carlos Alberto. Das 1897 eingeweihte Theater hat schon so einige tiefgreifende Erneuerungen erfahren, sodass es heute zu den modernsten der Stadt zählt. Das Kulturprogramm ist sorgfältig zusammengestellt. Die Gemütlichkeit des Saals sorgt für ein intimes Erlebnis.

383 **TEATRO NACIONAL SÃO JOÃO**
Praça da Batalha
Sé ④
+351 22 340 1900
tnsj.pt

Dies ist das erste Etablissement in Porto, das man 1798 speziell für die darstellenden Künste errichtete. Seine Geschichte ist wechselhaft: 1908 gab es einen schweren Brand, 1992 wurde das Theater vom portugiesischen Staat übernommen. Die Führungen sind fantastisch und ermöglichen es, einen Blick auf das prächtige Interieur zu werfen. Dazu zählen auch die nicht öffentlichen Bereiche wie Proben-, Umkleide- oder Technikräume.

384 **TEATRO SÁ DA BANDEIRA**
Rua de Sá da Bandeira 108
Santo Ildefonso ③
+351 22 200 2550

Die Anfänge des Sá da Bandeira waren 1885 die eines »Zirkustheaters« in einer Holzhütte. Wenig später wurde ein Theatergebäude errichtet, und zwar mit der neoklassischen Fassade, wie wir sie heute sehen. Es gilt als ein *teatro derevista*, sprich ein »satirisches Theater«. Obwohl das Alter dem Bauwerk einen gewissen Charme verleiht, werden die Rufe nach einer Restaurierung immer lauter.

385 **CINEMA TRINDADE**
Rua do Almada 412
Santo Ildefonso ③
+351 22 316 2425
cinematrindade.pt

Mit dem Aufkommen von neueren und moderneren Kinos verschwinden in den Vororten immer mehr die traditionellen Lichtspielhäuser. Das 1913 eröffnete Cinema Trindade ist wie eine Reise zurück in die 1980er-Jahre und daher eine geschätzte Rarität in Porto. Gezeigt werden sowohl Indie-Streifen als auch echte Blockbuster.

5 tolle Orte für
LIVEMUSIK

386 **CASA DA MÚSICA**
Avenida da Boavista 604–610
Cedofeita ①
+351 22 012 0220
casadamusica.com

Die vom Architekten Rem Koolhaas entworfene polygonale Konzerthalle war die erste der Stadt, die extra für Liveaufführungen und als Probe- und Brutstätte für Musiker errichtet wurde. Ein toller Treffpunkt für Musik-Fans. Die Konzerte reichen von Klassik bis Moderne und von Jazz bis Electronic.

387 **COLISEU DO PORTO**
Rua de Passos Manuel 137
Santo Ildefonso ③
+351 22 339 4940
coliseu.pt

Das Coliseu do Porto ist ein emblematisches Theaterhaus und Konzertsaal mit 3000 Sitzplätzen. Hier traten schon viele nationale und internationale Künstler auf. Die Fassade und der neonleuchtende Turm sind ein wunderbares Beispiel für spätes Art déco und die Moderne. Das Projekt war eine Zusammenarbeit von mehreren Architekten, angeführt von Cassiano Branco.

388 HOT FIVE JAZZ & BLUES CLUB

Largo Actor Dias 51
Sé ④
+351 93 432 8583
hotfive.pt

Jazz- und Blues-Fans werden viel Freude an dieser charismatischen Livekonzerthalle finden. Die kleine Bühne und die tollen Musiker garantieren ein cooles Ambiente. Das bunt gemischte Programm ist offen gegenüber ungewöhnlichen Musikgenres. Es gibt zwei Standorte: den ursprünglichen in der Innenstadt und den neueren in einem Vorort.

389 HARD CLUB

IM: MERCADO FERREIRA BORGES
Praça do Infante Dom Henrique
São Nicolau ④
+351 22 010 1186
hardclubporto.com

Der Hard Club, der bis zu 1000 Gäste willkommen heißt, ist seit über zwei Jahrzehnten Veranstaltungsort unvergesslicher Musik-Gigs. Im prächtigen Mercado Ferreira Borges gelegen, befindet er sich unter der Leitung von Kalú, dem Drummer der sehr beliebten portugiesischen Rockband Xutos e Pontapés.

390 CINEMA PASSOS MANUEL

Rua de Passos Manuel 137
Santo Ildefonso ③
+351 22 205 8351

Das coole Kino Passos Manuel ist der kleine Bruder des Coliseu. Der überschaubare Vorführraum zeigt nicht nur Kultfilme. Hier kann man auch Nachwuchsbands entdecken und intime Gigs erleben.

5 *inspirierende, jährlich stattfindende* EVENTS

391 **SERRALVES EM FESTA**
IN DER: FUNDAÇÃO DE SERRALVES
Rua Dom João de Castro 210
Lordelo do Ouro ⑦
+351 22 615 6500
serralvesemfesta.com

Dies ist das bedeutendste Festival für zeitgenössische Kunst in Portugal und sogar eines der größten Europas. Während der 50 Stunden der *festa* (Party) finden Hunderte von Veranstaltungen für Jung und Alt statt, darunter Musik, Tanz, Theater, moderner Zirkus, Kunstausstellungen, Filme und Workshops. Der Eintritt ist kostenlos; die Einheimischen lieben es, selbst mitzumachen.

392 **NOS PRIMAVERA SOUND**
Parque da Cidade
Nevogilde / Aldoar ⑧
primaverasound.com

Primavera Sound in Porto ist der kleine Bruder des gleichnamigen Festivals in Barcelona. Es findet über drei Tage im Stadtpark statt (Parque da Cidade), meist Anfang Juni. Das Line-up bringt bekannte und alternative Acts aus Pop, Rock und elektronischer Underground-Musik zusammen.

393 **FANTASPORTO**
fantasporto.com

Portos zehntägiges internationales Filmfestival, das seit 1981 immer im Februar und März stattfindet, zeigt Filme und experimentelle Projekte in Kurz- und Spielfilmlänge aus den Genres Fantasy, Science-Fiction und Horror. Bei Fantasporto gibt es exklusive Welt-Previews, was alljährlich im Durchschnitt um die 100.000 Zuschauer anzieht. Auch Klassiker wie »Dracula« oder »Blade Runner« kommen dann noch einmal zurück auf die Leinwand.

394 **FESTIVAL PORTA-JAZZ**
IM: SALA PORTA-JAZZ
Rua João das Regras 305
Santo Ildefonso ③
portajazz.com

Dieses Jazz-Festival wird von der Associação Porta-Jazz veranstaltet. Es richtet sich an Jazz-Fans, Studenten und Musiker. Eine Woche lang finden an verschiedenen Orten in Porto Musikaufführungen, Jamsessions, Workshops und andere Events statt. Sollten Sie Porto nicht zu dieser Zeit besuchen, finden Sie alternativ in der Sala Porta-Jazz viele weitere Konzerte dieser Art.

395 **ESSÊNCIA DO VINHO**
essenciadovinhoporto.com

»Die Essenz des Weines« ist ein jährliches Ereignis, das mehr als 3000 Weine und 350 Produzenten aus Portugal und aller Welt ehrt. Vier Tage lang trifft man sich für interessante Gesprächsrunden und natürlich jede Menge Verkostungen. Die letzten Male fand das Festival im prächtigen Palácio da Bolsa statt.

20 ORTE, DIE MAN MIT KINDERN BESUCHEN KANN

Die 5 spannendsten **ORTE**, die man **MIT KINDERN** entdecken kann

396 **BAUMWIPFELPFAD SERRALVES**
IM: PARQUE DE SERRALVES
Rua Dom João de Castro 210
Lordelo do Ouro ⑦
+351 22 615 6500
serralves.pt

Wenn Sie mit Ihren Kindern Natur erleben möchten, ohne dafür die Stadt verlassen zu müssen, dann ist der Baumwipfelpfad Serralves eine super Idee. Der 260 Meter lange erhöhte Holzpfad wurde Ende 2019 eröffnet und windet sich durch die Kronen prächtiger Eichen, Zypressen und Mammutbäume. Ein Projekt des Architekten Carlos Castanheira in Zusammenarbeit mit Álvaro Siza.

397 **FC PORTO MUSEUM**
IM: ESTÁDIO DO DRAGÃO
Via Futebol Clube do Porto
Campanhã ⑥
+351 22 508 3352
fcporto.pt/pt/museu/

Fußball-Fans jeden Alters werden im FC Porto Museum voll auf ihre Kosten kommen, denn es ist eines der besten seiner Art in Europa. Dank hochmoderner Multimedia-Installationen erfährt man hier alles zur Geschichte des Vereins. Außerdem kann man die Trophäen aus nächster Nähe sehen, spannende Highlights nacherleben und selbstverständlich an einer Stadionführung teilnehmen.

398 **ZOO SANTO INÁCIO**
Rua 5 de Outubro 4503
Avintes
Vila Nova de Gaia ⑪
+351 22 787 8500
zoosantoinacio.com

Dieser umweltfreundliche Zoo ist die Heimat von über 600 Tieren. Er befindet sich nur zehn Kilometer vom Stadtzentrum entfernt und ist daher ein perfektes Tagesausflugsziel. Der Zoo ist der wahr gewordene Traum einer naturliebenden Familie, die Wert auf Nachhaltigkeit und Weiterbildung legt. Besonders cool ist der Tunnel aus Glas, von dem aus man den Löwen beim Herumstreunen und Schlafen zuschauen kann.

399 **GALERIA DA BIODIVERSIDADE**
IM: JARDIM BOTÂNICO DO PORTO
Rua do Campo Alegre 1191
Lordelo do Ouro ⑦
+351 22 040 8700
mhnc.up.pt

Dieses kleine, reizende Museum ist im herrschaftlichen Andresen-Haus im Botanischen Garten untergebracht. Es erläutert in klaren Worten und sehr spannend den Begriff Artenvielfalt. Durch interaktive Ausstellungen werden die Kinder unterhalten und lernen gleichzeitig dabei etwas über Wissenschaft, Literatur und Kunst. Im Atrium ist das atemberaubende Skelett eines Wals zu bestaunen.

400 **WORLD OF DISCOVERIES**
Rua de Miragaia 106
Miragaia ④
+351 22 043 9770
worldofdiscoveries.com

Dieses einzigartige Museum befindet sich in der Schiffswerft, in der einst drei Schiffe für Vasco da Gamas Expedition gebaut wurden. Durch interaktive Mittel kann man mehr über die Geschichte der portugiesischen Entdeckungen auf der ganzen Welt erfahren, darunter auch, wie Schiffe gebaut wurden und wie das Leben an Bord war. Vor allem die Wasserbahn »Schiffsreise« werden die Kleinen lieben.

Die 5 besten SPIELPLÄTZE

401 **PARQUE INFANTIL DO HOMEM DO LEME**
IM: PRAIA HOMEM DO LEME
Avenida de Montevideu 88
Nevogilde ⑧

Ein Spielplatz direkt neben einer Strandbar. So können die Kleinen nach Herzenslust auf Kletterburg, Rutsche und Schaukel spielen, alles umfasst von zwei großen Sandkästen, während sich die Erwachsenen auf den Liegestühlen ausstrecken und einen Drink genießen. Der Strand wurde nach der hier aufgestellten Plastik »Der Steuermann« benannt.

402 **QUINTA DO COVELO**
Rua de Faria Guimarães
Paranhos ⑥

Dieser kleine Park bietet viel Grünfläche für einen Spaziergang, doch das Highlight ist der Kinderspielplatz. Außerdem gibt es hier einen Sportbereich, sollten Sie ein paar ihrer *Francesinha*-Kalorien verbrennen wollen, oder ein Café, wo man sich stattdessen ein Eis gönnen kann.

403 **CASA DA MÚSICA SKATE SPOT**
Avenida da Boavista 604-610
Cedofeita ①

Vor der berühmten Konzerthalle Casa da Música des holländischen Architekten Rem Koolhaas gibt es eine wellenartige *plaza*, die sich zu einem der Lieblingsplätze der Skateboarding-Szene entwickelt hat.

404 LABIRINTO DO PARQUE DE SÃO ROQUE

Rua São Roque da Lameira 2040
Campanhã ⑥

Dieses vier Hektar große Gelände wurde 1979 von der Stadt Porto erworben, um einen öffentlichen Park anzulegen. Seitdem sind viele Skulpturen und Strukturen vom Stadtrat in Auftrag gegeben worden, darunter das tolle Labyrinth aus Buchsbaumhecken. Der Park befindet sich ein wenig außerhalb des Stadtzentrums in der Nähe des Stadions des FC Porto.

405 JUMPERS TRAMPOLIM PARQUE

Rua Engenheiro Ferreira Dias 874
Ramalde ⑤
+351 22 113 4621
jumpers.pt

Dieser Indoor-Trampolinpark ist ein Riesenspaß für Groß und Klein. Das freundliche Team hat ein wachsames Auge auf die Gäste, kennt Tipps und Tricks für die richtigen Moves und bietet Hinweise und Informationen, um zu verhindern, dass sich jemand verletzt. Es gibt neun Stationen, einen gesonderten Bereich für die Kleinsten und ein Café.

401 PARQUE INFANTIL DO HOMEM DO LEME

5

FAMILIENFREUNDLICHE

Restaurants

406 **SOUNDWICH**
IM: PARQUE DA CIDADE
Avenida do Parque 595
Aldoar ⑧
+351 22 322 8117
soundwich.pt

Dieses relaxte Café steht im größten Park der Stadt, dem Parque da Cidade. Es ist hunde-, fahrrad- und babyfreundlich. Kreative Gerichte wie Gourmet-Sandwiches, frische Salate und Kindermahlzeiten kann man hier auf einer attraktiven Terrasse genießen.

406 SOUNDWICH

407 **FUGA**

IM: JARDIM DAS SOBREIRAS, LOJA 2
Rua do Passeio Alegre
Foz do Douro ⑧
+351 22 616 1180

Das am Fluss und nicht weit vom Meer entfernte Fuga serviert portugiesische und kinderfreundliche Gerichte in einem modernen, entspannten Ambiente. Nach dem Essen können Sie noch einen Drink genießen, während die Kleinen auf dem weitläufigen Gelände Dampf ablassen.

408 **RESTAURANTE DE SERRALVES**

Rua Dom João de Castro 210
Lordelo do Ouro ⑦
+351 22 617 0355
serralves.pt

Das Restaurant befindet sich im Serralves Museum. Es bietet eine ideale Möglichkeit für eine Verschnaufpause, wenn man mit den Kleinen zu Besuch ist. Von drinnen hat man einen tollen Blick auf den Park, doch auch die Außenterrasse ist sehr hübsch.

409 **PICABA NATURAL CAFÉ**

Via do Castelo do Queijo 395
Nevogilde ⑧
+351 96 256 1552

Gerade an sonnigen Tagen empfiehlt sich das Picaba am Strand von Matosinhos. Von der Terrasse aus kann man den Surfern beim Wellenreiten gut zuschauen, und für die Kleinen gibt es jede Menge Platz zum Spielen und Toben. Die Einheimischen lieben die Lage, das gesunde Essen und die köstlichen frischen Säfte.

410 **VARANDA DA BARRA**

Rua Paulo da Gama 470
Lordelo do Ouro ⑦
+351 22 618 5006

Das Varanda da Barra mit seinen zwei großen Räumen und der Terrasse bietet jede Menge Platz und ist daher gerade bei Familien sehr beliebt. Aber auch Teenager feiern hier seit drei Jahrzehnten ihre Geburtstage. Auf der Speisekarte stehen italienische Klassiker und einige traditionell portugiesische Gerichte.

5 *Geschäfte für* TOLLE KINDERKLAMOTTEN

411 **PIUPIUCHICK**
Rua de Diu 222
Foz do Douro ⑧
+351 22 610 3026
piupiuchick.com

Piupiuchick wurde 2012 von drei Müttern aus Portugal, Marta, Inês und Mariana, gegründet. Ziel ist, mit bunten und stilvollen Kollektionen noch mehr Spaß in die Welt der Kinder zu zaubern. Alle Kleidungsstücke werden mit viel Liebe in Portugal hergestellt und sind im Ladengeschäft oder online erhältlich.

412 **BABYBOOM**
Rua da Senhora da Luz 186
Foz do Douro ⑧
+351 22 610 9069

Die zweifache Mutter Luísa Folhadela eröffnete diese Boutique, um ihre liebsten portugiesischen und internationalen Marken unter ein Dach zu bringen, die »coole Klamotten für coole Babys und Kinder« machen.

413 **SAPATARIA HEIDI**
Rua da Senhora da Luz 268
Foz do Douro ⑧
+351 96 928 2550

Seit mehr als drei Generationen erstehen hier die *portuenses* die Schuhe für ihren Nachwuchs. Das winzige traditionelle Geschäft verkauft hochwertiges Schuhwerk für Klein- und Schulkinder. Natürlich lieben diese auch den kostenlosen Heliumballon, den sie nach dem Einkauf mit nach Hause nehmen dürfen.

414 UFALUFA

Rua de Miguel Bombarda 285
Cedofeita ①
+351 96 652 6636
ufalufa.com

Das Ufalufa im kleinen und flippigen Einkaufszentrum von Miguel Bombarda (Loja 26) bietet niedliche und lehrreiche Spielwaren an. Außerdem kann man hier Kinderaccessoires, Deko-Artikel und Kleidung erwerben, die größtenteils von portugiesischen Labels und aus organischen Materialien hergestellt sind.

415 HIP HIP HOORAY

Rua da Senhora da Luz 79
Foz do Douro ⑧
+351 93 892 0084
hiphiphooray.pt

Bei Hip Hip Hooray finden Sie alles, um eine tolle Party für Jung und Alt zu schmeißen – von personalisierten Ballons bis zu kreativem Tischschmuck und Partydekorationen: Hier bleiben keine Wünsche offen. Ein absolutes Muss für jeden, der ein Fest veranstalten möchte.

414 UFALUFA

ALVAR AALTO
JOSÉ PEDRO CROFT

25 ORTE, UM SEIN HAUPT ZU BETTEN

5 Unterkünfte für ARCHITEKTUR-FANS

416 **DUAS PORTAS**
Rua das Sobreiras 516
Lordelo do Ouro ⑦
+351 91 478 6518
duasportas.com

Das Duas Portas ist ein familiengeführtes Boutique-Gästehaus in einem restaurierten Stadthaus aus dem 19. Jahrhundert. Die makellose Architektur ist einzigartig, ein Projekt der lokalen Architektin Luísa Penha. Helle, minimalistisch eingerichtete Zimmer mit Blick auf Garten oder Fluss.

417 **CASA DO CONTO**
Rua da Boavista 703
Cedofeita ①
+351 22 206 0340
casadoconto.com

2009 zerstörte ein Brand ein nigelnagelneues Stadthaus-Hotel aus dem 19. Jahrhundert. Noch während die Besitzerin und Architektin Alexandra das Feuer ungläubig anstarrte, formte sich in ihr die Idee für ein neues Konzept. Heute steht die prächtige Casa do Conto stolz am selben Platz.

418 **TIPOGRAFIA DO CONTO**
Rua de Álvares Cabral 28
Cedofeita ①
+351 22 206 0340
tipografiadoconto.com

Ein umwerfendes Hotel mit Typografie-Thema von Alexandra Coutinho, dem kreativen Kopf hinter der Casa do Conto. Die Zimmer sind zwar klein, dafür sind die Gemeinschaftsbereiche weitläufig und perfekt zum Entspannen. Der Hit an heißen Tagen: ein 15-Meter-Salzwasserpool.

419 **ARMAZÉM LUXURY HOUSING**

Largo São Domingos 74
São Nicolau ④
+351 22 340 2090
armazemluxury housing.com

Bei Armazém Luxury Housing treffen in einem alten Eisenlager aus dem 19. Jahrhundert industrielles Flair und Gemütlichkeit aufeinander. Zur Auswahl stehen neun Gästezimmer und drei Apartments, alle individuell eingerichtet mit vom Hotel-Architekten Luis Sobral maßgefertigten Möbeln sowie vielen erlesenen Stücken von lokalen Händlern.

420 **ROSA ET AL TOWNHOUSE**

Rua do Rosário 233
Cedofeita ①
+351 91 600 0081
rosaetal.pt

Das Stadthaus im trendigen Künstlerviertel Miguel Bombarda mit sieben Gästezimmern war nicht nur ein Pionier des Viertels, sondern eines der ersten Boutique-Hotels in Porto überhaupt. Es sticht deutlich heraus, denn es bietet eine originelle Architektur, Möbel aus den 1950er-Jahren und einen hübschen Garten.

418 **TIPOGRAFIA DO CONTO**

5 charmante
BED & BREAKFASTS

421 **MO HOUSE**
Rua de Belomonte 81
São Nicolau ④
+351 22 203 2194
mohouse.pt

Das Mo House ist ein hübsches Gästehaus in einem restaurierten alten Stadthaus und bezaubert mit einem atemberaubenden Blick auf den Douro. Die Zimmer haben eine Kitchenette, und am Morgen wird ein leckeres Frühstück (Eier, Smoothies und frische Backwaren) serviert.

422 **FLATTERED TO BE IN PORTO**
Rua da Senhora da Luz 145
Foz do Douro ⑧
+351 93 914 6262
flatteredapartments.com

Nicht wirklich ein B&B, doch diese fünf Ferienwohnungen bieten als Bonus ein frisches Frühstück, das morgens zur Tür gebracht wird. Einige der Apartments überblicken den Strand von Ourigo, alle sind hübsch eingerichtet und verfügen über eine komplett ausgestattete Kitchenette. Die Apartments sind nur 15 Fahrminuten von der Innenstadt entfernt.

423 **PENSÃO FAVORITA**
Rua de Miguel Bombarda 267
Cedofeita ①
+351 22 013 4157
pensaofavorita.pt

Die Pensão Favorita mit ihrer zurückhaltenden Boheme-Atmosphäre und dem hübschen Garten war eines der ersten Boutique-B&Bs in Porto. Die zwölf Gästezimmer sind mit einer Mischung aus modernen und Retro-Möbeln eingerichtet.

424 CANTO DE LUZ

Rua do Almada 539
Cedofeita ①
+351 91 875 2630
cantodeluz.com

Das Canto de Luz ist ein perfekt restauriertes Kaufmannshaus mit traditioneller Fliesenfassade und moderner Einrichtung. Die sechs geräumigen Suiten haben Blick auf den Garten oder die gepflasterte Almada. Alle Apartments verfügen über eine Küche und Essecke. Alternativ kann man auch eine Villa mit zwei Schlafzimmern und Pool buchen.

425 CASA DO CATIVO

Rua do Cativo 30-32
Sé ④
+351 92 719 7917
casadocativo.com

Marta und Olivier sind leidenschaftliche Weltenbummler. Von ihren Abenteuern inspiriert, gründeten sie dieses Boutique-B&B. Es gibt fünf atemberaubende Suiten und ein Apartment mit zwei Schlafzimmern und komplett ausgestatteter Küche. Die Casa hat auch einen erholsamen Gemeinschaftsgarten und einen Pool.

421 MO HOUSE

422 FLATTERED TO BE IN PORTO

5

SCHICKE HOTELS

426 VILA FOZ HOTEL & SPA
Avenida de Montevideu 236
Nevogilde ⑧
+351 22 244 9700
vilafozhotel.pt

Dieses Fünf-Sterne-Hotel liegt in erster Reihe am Meer im ruhigen Vorort Foz. Noch besser: Es verteilt sich auf einen renovierten *palacete* (kleinen Palast) aus dem 19. Jahrhundert und ein neues, modernes Haus. Die Innenräume haben etwas Klassisches an sich, aber mit origineller Note. Vom Hallenbad mit bodentiefen Fenstern überblickt man den Garten.

427 GRAN CRUZ HOUSE
Praça da Ribeira, Viela do Buraco 19
São Nicolau ④
+351 22 766 2270
grancruzhouse.pt

Dieses Sieben-Zimmer-Hotel lockt mit einem malerischen Panorama über den Fluss und dem historischen Praça da Ribeira. Die Gästezimmer wurden von sieben unterschiedlichen Künstlern individuell eingerichtet. Der Pink Room im vierten Stock mit seinem hübschen kleinen Balkon begrüßt den Gast mit einer Gratis-Flasche Pink Port. Die gestreiften Tapeten und hellen Farbtöne verströmen ein sommerlich-atlantisches Flair.

428 TOREL 1884 SUITES & APARTMENTS

Rua de Mouzinho
da Silveira 228
Sé ④
+351 22 600 1783
torelboutiques.com

Das Torel 1884 ist ein elegantes Fünfsternehotel in einem historischen Gebäude in der Altstadt von Porto. Es stehen zwölf Zimmer und Suiten zur Auswahl, teilweise mit Badewanne und privater Terrasse. Eine weitere Möglichkeit ist eines der elf exklusiven Ferienapartments in der Rua das Flores.

429 THE YEATMAN

Rua do Choupelo
Santa Marinha,
Vila Nova de Gaia ⑪
+351 22 013 3100
the-yeatman-hotel.com

Ein luxuriöses Wein- und Spa-Hotel mit legendärem Blick auf Porto und den Douro. Das Yeatman befindet sich, abseits vom Trubel der Altstadt, in Vila Nova de Gaia in Nachbarschaft zu den Portweinkellereien. Es gibt einen Pool drinnen und draußen (beide mit herrlichem Ausblick) und das Spa da Caudalie. Jedes der 82 Zimmer überblickt den Fluss und hat eine Terrasse oder einen privaten Balkon.

430 PESTANA PALÁCIO DO FREIXO

Estrada Nacional 108
Campanhã ⑥
+351 21 040 7600
pestanacollection.com

Der Freixo-Palast, eines der ältesten Bauwerke Portugals, ist als nationales Denkmal eingestuft. Das heutige Fünf-Sterne-Luxushotel wurde Mitte des 18. Jahrhunderts vom italienischen Architekten Nicolau Nasoni (der auch verantwortlich ist für den Torre dos Clérigos) entworfen. Es liegt inmitten von prächtigen Gartenanlagen, die den Douro überblicken.

5 *Unterkünfte mit*
TOLLEM PREIS-LEISTUNGS-VERHÄLTNIS

431 **B28 APARTMENTS**
Rua de Belomonte 28
São Nicolau ④
+351 96 017 9212
b28apartments.com

Die Ferienwohnungen sind lichtdurchflutet und minimalistisch eingerichtet, haben reich verzierte Decken und maßgeschneiderte Holztüren … und teilweise einen umwerfenden Ausblick. Jeden Morgen wird französisches Brot an die Tür gebracht, und eine tägliche Reinigung ist ebenfalls mit inbegriffen.

432 **SELINA PORTO**
Rua das Oliveiras 61
Vitória ②
+351 22 013 5302
selina.com/portugal/porto

Das moderne Hostel mit freundlichem Ambiente befindet sich in Portos Innenstadt. Zur Auswahl stehen verschiedene Zimmertypen und Schlafsäle, je nach Anforderung und Reisebudget. Der Innenhof ist perfekt, um andere Gäste zu treffen.

433 **THE HOUSE OF SANDEMAN**
Largo Miguel Bombarda
Santa Marinha,
Vila Nova de Gaia ⑪
+351 21 346 1381
thehouseofsandeman.pt

Dieses preiswerte Boutique-Hostel befindet sich in Gaia in einem historischen Gebäude der Portweinkellerei Sandeman und bezaubert mit herrlichem Blick über den Douro und Porto. Hier finden Sie schlafsaalähnliche Unterkünfte mit Betten, die geformt sind wie Fässer, sowie drei preisgünstige, stilvolle Suiten.

434 **ZERO BOX LODGE**
Rua do Ateneu
Comercial do Porto 13
Santo Ildefonso ③
+351 92 446 3997
porto.thezerohotels.com

In diesem verrückten Hotel, inspiriert von den Kapselhotels in Japan, sind die Zimmer so minimalistisch und funktional, dass die meisten nicht einmal ein Fenster haben. Würden Sie gern kostenlos übernachten? Wenn Sie kein Problem damit haben, in einem Raum aus Glas zu schlafen, wo jeder Sie sehen kann, sollten Sie zuschlagen, Frühstück inklusive. Aber keine Sorge: Das Badezimmer ist privat.

435 **THE PASSENGER HOSTEL**
Praça Almeida Garrett
Sé ④
+351 96 380 2000
thepassengerhostel.com

Dieses Hostel ist etwas Besonderes dank der außergewöhnlichen Lage: mitten im geschäftigen Bahnhof São Bento. Ab 16 Euro pro Person kann man hier eine geteilte Unterbringung ergattern. Alle haben ein Halbgeschoss und einen Wohnbereich. Es gibt mehrere gemütliche Aufenthaltsbereiche, etwa einen Wintergarten.

434 ZERO BOX LODGE

5 wunderschöne Hotels, um der STADT ZU ENTFLIEHEN

436 **QUINTA DO VALLADO**
Quinta do Vallado,
Vilarinho dos Freires
Peso da Régua
+351 25 431 8081
quintadovallado.com

Lassen Sie sich auf diesem Weingut verzaubern von den Panoramen des Douro-Tals! Einst gehörte das Anwesen der legendären Dona Antónia Adelaide Ferreira (einer führenden Figur in der Geschichte des Portweins). Die 13 hübschen Gästezimmer befinden sich entweder im ursprünglichen Herrenhaus aus dem 18. Jahrhundert oder im modernen Anbau des Architekten Francisco Vieira de Campos.

436 QUINTA DO VALLADO

437 **QUINTA DE SÃO BERNARDO**
Caminho do Rio 33 /
Vila Jusã
Mesão Frio
+351 96 729 3773
quintade saobernardo.com

Die Quinta de São Bernardo ist ein umwerfendes Boutique-Hotel im Douro-Tal, dessen Infinity-Pool die romantischen Weinberge und den Fluss überblickt. Die saisonalen Produkte, die in der Restaurantküche verarbeitet werden, stammen aus dem eigenen Bioanbau oder von kleinen Erzeugern aus dem Umland.

438 **VIDAGO PALACE**
Parque de Vidago
Vidago
+351 27 699 0920
vidagopalace.com

Dieses Luxushotel, das 1910 in der Thermalstadt Vidago eröffnete, wurde während der Regierungszeit von König Karl I. entworfen. Hier nutzt man Mineral- und natürliches Quellwasser zum Trinken, Baden und für Wellnessanwendungen. Im Hotel erleben Sie die Romantik der Belle Époque vor einer herrlichen Naturkulisse.

439 **CASA DE SÃO LOURENÇO**
Estrada Nacional
N232 / Km 493
Manteigas
+351 27 524 9730
casadesaolourenco.pt

Füllen Sie in diesem Resort Ihre Lungen mit sauberer Luft! Die Anlage befindet sich im höchsten Gebirge Portugals, der Serra da Estrela. Alle Zimmer haben einen unvergleichlichen Panoramablick und sind mit Designerstücken portugiesischer Künstler und Handwerker eingerichtet.

440 **FEELVIANA**
Rua Brás de Abreu
Soares 222 /
Praia do Cabedelo
Viana do Castelo
+351 25 833 0330
feelviana.com

Dieses Resort ist perfekt, wenn man einen aktiven Urlaub sucht, denn vor Ort werden jede Menge Sportaktivitäten angeboten. Die eleganten Bungalows sind sehr familienfreundlich. Wassersportler kommen ebenfalls voll auf ihre Kosten, da der Strand direkt vor der Haustür liegt …

30 AKTIVITÄTEN FÜRS WOCHENENDE

5 tolle Routen zum WANDERN, LAUFEN und RADFAHREN

441 **PARQUE DA CIDADE**
Nevogilde / Aldoar ⑧

Portos größter Park bietet mit seinen Rasenflächen, Seen, Enten und Schwänen den perfekten Hintergrund zum Wandern, Joggen und Radfahren. Das insgesamt zehn Kilometer große Wegenetz ist mit Trinkwasserspendern bestückt. Im Norden gibt es einen Eukalyptushain, wo man sich wunderbar entspannen kann.

442 **FLUSSROUTE 1**
Von Ribeira nach Foz do Douro

Wer auf viereinhalb Kilometern die Schönheit des Douro erleben möchte, der beginnt seinen Ausflug am besten in Alfândega (bei Ribeira). Endpunkt ist der bezaubernde Jardim do Passeio Alegre, wo der Fluss ins Meer mündet (oder entgegengesetzt).

443 **FLUSSROUTE 2**
Marginal de Gaia

Das am Südufer gelegene Gaia bietet einen phänomenalen Blick auf Porto, und diese vier Kilometer lange Strecke ist der beste Beweis. Von der Ponte Dom Luís I kommend, wenden Sie sich in Richtung des malerischen Fischerdorfs São Pedro da Afurada.

444 MEERESROUTE 1

Von Foz do Douro nach Matosinhos

Auf diesen vier Kilometern gehen die Einheimischen gern spazieren, fahren Rad oder skaten. Vom Leuchtturm in Foz (Farol de Felgueiras) aus machen Sie sich auf in Richtung Avenida Brasil und Avenida Montevideu bis zum Praia de Matosinhos. Auf dem Radweg und der Promenade hat man einen tollen Blick aufs Meer und die prächtigen Villen. Alternativ kann man einen Spaziergang entlang des tiefer gelegenen Weges direkt am Strand machen.

445 MEERESROUTE 2

Von Afurada nach Aguda

Beginnen Sie am Jachthafen von São Pedro da Afurada, wo Sie auch Fahrräder mieten können, und steuern Sie das reizende Dorf Aguda an. Ein Großteil der rund zwölf Kilometer langen Strecke verläuft über einen hölzernen Strandweg. Planen Sie unbedingt einen Stopp an der hübschen Capela do Senhor da Pedra am Praia de Miramar mit ein.

444 MEERESROUTE 1

5 der
BESTEN STRÄNDE
in Porto und Umgebung

446 **PRAIA DE MATOSINHOS**
Matosinhos ⑨

Der beliebteste Stadtstrand Portos ist ein toller Tipp für alle, die einen Anfängerkurs im Surfen absolvieren möchten. Aber auch erfahrene Wellenreiter kommen auf ihre Kosten. Neben einer Reihe von angesehenen Surfschulen befindet sich hier das »durchsichtige Gebäude« (wie die *portuenses* es nennen) mit Strandbars und Terrassenrestaurants.

449 PRAIA DE SÃO PEDRO DE MACEDA

447 PRAIA DO OURIGO

Foz do Douro ⑧

Sollten Sie sich an einem heißen Tag im Viertel Foz do Douro wiederfinden, bietet der Praia do Ourigo eine gute Möglichkeit zur Abkühlung. Es gibt nicht so viele Felsen wie an den Stränden der Umgebung, und obendrein hat man einen tollen Blick auf den Leuchtturm von Felgueiras.

448 PRAIA DE MIRAMAR

Arcozelo ⑩

Miramar ist ein kleiner, gediegener Strandvorort, zehn Kilometer außerhalb des Stadtzentrums direkt im Süden von Vila Nova de Gaia. Der Sandstrand ist berühmt für die Kapelle aus dem 17. Jahrhundert, die auf einem Felsen thront.

449 PRAIA DE SÃO PEDRO DE MACEDA

Ovar

Dieser Strand ist eine halbe Fahrstunde vom Stadtzentrum Portos entfernt und bei Naturfreunden und Surfern sehr beliebt. Maceda ist am Abend ziemlich ruhig, selbst im Sommer. Der lange, feine Sandstrand wird von einem wunderschönen Kiefernwald umrahmt. Diese Unberührtheit (es gibt auch keine Bars oder Toiletten) macht den Strand so besonders.

450 PRAIA DA ARDA

Afife

Der breite Sandstrand befindet sich 85 Kilometer nördlich von Porto – einige *portuenses* kommen selbst nur für einen Tag. Hier finden Sie einen der schönsten Strände der Region mit fantastischer Brandung und dem berühmten Restaurante da Mariana, das leckere *robalo com algas* (gekochten Seebarsch mit Algen) serviert.

5 UNGEWÖHNLICHE *Aktivitäten*

451 **SUPER BOCK – CASA DA CERVEJA**
Rua do Mosteiro
Leça do Balio,
Matosinhos
+351 22 320 3160
superbockcasada cerveja.pt

Super Bock ist das beliebteste Bier der *portuenses*, und Casa da Cerveja ist die Brauerei, die es herstellt. Bei der zweistündigen Führung erfährt man alles über die Produktionsmethoden und die Geschichte dieser berühmten portugiesischen Marke. Den Abschluss bildet eine Verkostung mit dazu passenden Gerichten.

452 **KARTÓDROMO CABO DO MUNDO**
Rua de Almeiriga
Norte 2242
Perafita ⑨
+351 22 995 9852
cabodomundo karting.pt

Diese Außenbahn für Gokarts ist seit 1979 ein Klassiker und ein Muss für alle, die in Porto nach einem echten Adrenalinkick suchen. Dank der erstklassigen Lage fährt man hier mit Meerblick. Für viele Einheimische war dies das erste Mal, dass sie selbst hinterm Steuer saßen.

453 **GAZETE AZULEJOS**
Rua do Duque
de Palmela 230
Bonfim ⑥
+351 91 289 1581
gazeteazulejos.com

2016 begannen Alba und Maria in einem ausführlichen Online-Katalog *(azulejos-porto.pt)* die *Azulejo*-Fliesen aufzulisten, die man in Porto überall an den Fassaden findet. Dieses Wissen bieten sie heute in *Azulejo*-Führungen und Workshops an.

454 **PORTO BRIDGE CLIMB**
Rua do Ouro 680
Lordelo do Ouro ⑦
+351 92 920 7117
portobridgeclimb.com

Früher war das Erklettern der Ponte Arrábida eine »heimliche« und nächtliche Angelegenheit abenteuerlustiger Jugendlicher, von der alle wussten – bis auf die Eltern. Heute kann sich jeder daran probieren. Porto Bridge Climb stellt den Führer und die Sicherheitsausrüstung. Wer am Abend klettert, kann sich auf einen atemberaubenden Sonnenuntergang gefasst machen.

455 **CLUBE DE MINIGOLFE DO PORTO**
Avenida de Dom Carlos I
Foz do Douro ⑧
+351 22 618 8150
clubeminigolfeporto.com

Dieser verrückte Minigolfplatz ist für viele *portuenses*, die seit den 1970er-Jahren hierherkommen, Nostalgie pur. Zur Wahl stehen zwei 18-Loch-Plätze: Minigolfe für Fortgeschrittene und Petergolfe für Anfänger. Am Ende können Sie auf dem Siegertreppchen noch ein paar Schnappschüsse machen. Die Lage im Jardim do Passeio Alegre ist bezaubernd.

454 PORTO BRIDGE CLIMB

5 wunderschöne **HISTORISCHE STÄDTE,** *die einen Besuch lohnen*

456 GUIMARÃES

Auf einem Schild an der alten Stadtmauer von Guimarães steht geschrieben: »*Aqui nasceu Portugal*« – »Hier wurde Portugal geboren«. Es wird vermutet, dass hier 1109 der erste König von Portugal, Alfons I., das Licht der Welt erblickte. Diese mittelalterlich-romantische Stadt, ein Weltkulturerbe der UNESCO, wartet mit zahlreichen historischen Monumenten und einer prächtigen Burg auf.

457 BRAGA

Braga ist eine der ältesten Städte der Christenheit und blickt auf ein großes religiöses Erbe zurück. Die Kathedrale ist älter als das Land selbst. Braga hat eine reiche kulinarische Tradition und ist Ursprungsort mehrerer Kabeljau-Gerichte. Das von Souto de Moura entworfene Fußballstadion wurde in einen Berg eingelassen.

458 **AMARANTE**

Rund um das pittoreske Städtchen Amarante, das am gemächlichen Fluss Tâmega liegt, erheben sich die Gipfel der Serra do Marão. Höhepunkte sind die historische Ponte São Gonçalo und ein Kloster – heute ein Museum für moderne Kunst, das lokale Künstler fördert. Probieren Sie unbedingt die typischen Süßigkeiten, zum Beispiel *papos de anjo*, eine ravioliartige Reispapiertasche mit einer Füllung aus lecker-süßer Eicreme.

459 **PONTE DE LIMA**

Das mittelalterliche Ponte de Lima aus dem 12. Jahrhundert gilt als eines der ältesten und hübschesten Dörfer Portugals. Die einzigartige Brücke, die den Lima an dieser Stelle überquert, hat einen größeren Abschnitt aus dem Mittelalter und einen kürzeren aus römischer Zeit. Die Loureiro-Trauben aus dem Lima-Tal produzieren den erfrischenden *Vinho Verde* (grüner Wein).

460 **AVEIRO**

Der Küstenort Aveiro ist bekannt für seine Kanäle, auf denen farbenfrohe gondelähnliche Boote *(barcos moliceiros)* verkehren. Diese wurden traditionell für die Seegrasernte eingesetzt. Nicht weit entfernt davon zählen die gestreiften Häuser von Costa Nova do Prado zu den Höhepunkten dieser Region, ebenso die Süßigkeit *ovos moles de aveiro*, die aus Eigelb und Zucker hergestellt wird.

5 *erfrischende*
AUSFLÜGE INS GRÜNE

461 DOURO

Die Douro-Region ist mit ihren steil terrassierten Weinbergen entlang des Flusses, den typischen *quintas* (Weingütern) und erstklassigen Weinen atemberaubend. Weinbergführungen gibt es hier zuhauf, aber auch ein Kajakausflug auf dem Douro ist ein traumhaftes Erlebnis.

462 GERÊS

Natur- und Abenteuerliebhaber werden sich Hals über Kopf in Gerês verlieben, den einzigen geschützten Naturpark Portugals. Hier finden Sie sattgrüne Berge, Täler, verträumte Lagunen und Wasserfälle (zum Beispiel Tahiti und Pincães), nicht zu vergessen malerische Dörfer wie Pitões das Júnias. Für Wassersport-Fans ist Albufeira da Caniçada ein beliebtes Ziel.

463 SERRA DA ESTRELA

Auf dem höchsten Berg des portugiesischen Festlandes gibt es 375 Kilometer ausgewiesene Wege zum Trekken und Radfahren. Der Fluss, die Strände und die 25 Lagunen sind ganzjährig attraktiv, und im Winter ist es eine beliebte Skiregion.

464 PASSADIÇOS DO PAIVA

Auf diesem Wanderweg, der dem Fluss Paiva unweit von Porto folgt, tauchen Sie ein in eine malerische Panoramalandschaft. Die Neun-Kilometer-Strecke aus Holzpfaden führt am Flussufer entlang über Felsen und Klippen. Aus Gründen der Nachhaltigkeit ist die Ticketzahl limitiert (Buchung online). Nehmen Sie einen Rucksack mit Wasser und Snacks mit.

465 VIDAGO

Der Ort Vidago ist berühmt wegen seiner Heilquellen. Der öffentliche Park ist umgeben von einem Märchenwald voller Spazierwege, majestätischer Bäume, Seen, Spatzen und Eichhörnchen. Zwei Quellen sind frei zugänglich und ermöglichen es, das legendäre Wasser zu kosten. Und wer mal in einem Baumhaus oder einer Hütte im Wald übernachten möchte, sollte einen Blick auf Pedras Salgadas werfen.

461 DOURO

5 Adressen für FITNESS und WELLNESS

466 **ONDA PURA SURFSCHULE**
Praia Moderna / Avenida Norton de Matos
Matosinhos ⑨
+351 22 937 1824
ondapura.com

Der Strand von Matosinhos bietet tolle Bedingungen für Surfanfänger, und Onda Pura zählt zu den besten Surfschulen dort. Erwachsene und Kinder (ab sieben Jahren) können hier lernen, wie man surft, auf einem Paddelboard steht oder skatet. Zur Auswahl stehen Eintagesklassen oder mehrtägige Kurse. Die Ausrüstung kann auch ausgeliehen werden, sollten Sie sich lieber allein in die Wellen stürzen wollen.

467 **BBDOURO**
Douro Marina / Rua da Praia
São Pedro da Afurada, Vila Nova de Gaia ⑪
+351 93 530 1930
bbdouro.com

Ganz gleich, ob Sie segeln lernen oder auf einer Kreuzfahrt entspannen möchten, BBDouro ist die ideale Wahl. Das Hauptquartier befindet sich im Jachthafen von Afurada, wo Sie großartige Boote und ein Team aus erfahrenen Skippern erwarten. Der Blick auf Porto vom Fluss und vom Meer aus ist einer der besten Möglichkeiten, die Schönheit dieser Stadt in sich aufzunehmen.

468 **YOGA SOBRE O PORTO**
Rua das Carmelitas 100, 3. Stock
Vitória ②
+351 91 633 9914
yogasobreoporto.com

»Yoga über Porto« befindet sich unweit der beliebten Buchhandlung Lello. Tagsüber und abends finden hier Yoga- und Pilateskurse auf Englisch und Portugiesisch mit Blick auf den Torre dos Clérigos statt, ganz gleich, ob zum einmaligen Vorbeischauen oder als Paket. Es werden zudem regelmäßig Zeichen- und Theaterkurse angeboten.

469 **MEDITHAI**
IM: PROA BUILDING, LOJA 4/5
Avenida Norton de Matos
Matosinhos ⑨
+351 22 935 0110
medithai.pt

Freunde der Thaimassage werden dieses Massagezentrum am Strand von Matosinhos lieben. Ein durch und durch thailändisches Erlebnis: Alle Dekorationen wurden in Thailand gekauft, und im Hintergrund säuselt leise Musik. Die Massagetherapeuten kommen aus Thailand und sind zertifiziert.

470 **CAUDALIE VINOTHÉRAPIE SPA**
IM: THE YEATMAN
Rua do Choupelo
Santa Marinha, Vila Nova de Gaia ⑪
+351 22 013 3118
the-yeatman-hotel.com

Dies ist die perfekte Wahl für ein luxuriöses Wellnesserlebnis mit atemberaubendem Blick über Porto. Zu den weininspirierten hauseigenen Anwendungen zählen ein Schaumbad in einer fassartigen Wanne, ein Scrub mit Crushed Cabernet und Merlot-Wickel. Das Hallenbad mit Panoramablick ist einfach umwerfend.

489 **MONUMENTO AOS HERÓIS DA GUERRA PENINSULAR**

30 BELIEBIGE FAKTEN UND DETAILS ZUR STADT

5 UNGEWÖHNLICHE FAKTEN *über das Leben und die Kultur in Porto*

471 **PORTUGAL WURDE NACH PORTO BENANNT**

Bei ihrer Eroberung der Iberischen Halbinsel im Jahr 711 fiel das Land unter die Kontrolle der Mauren, inklusive der Siedlung *Portus Cale*, ein keltisch-lateinischer Volksname für die heutige Gegend rund um Vila Nova de Gaia. Das Wort Portugal entwickelte sich im Laufe der Zeit aus diesem lateinischen *Portus Cale*.

472 **TRIPEIROS**
ANSEHEN: MONUMENTO AOS TRIPEIROS
Jardim do Calém
Lordelo do Ouro ⑦

1415, als Heinrich der Seefahrer zu einer Expedition aufbrach, boten die Bürger alle ihre Fleischvorräte als Schiffsproviant an, sodass nichts übrig blieb außer Nebenprodukte wie Kutteln. Deshalb spielt der traditionelle Kuttel-Eintopf aus Porto heute eine so wichtige Rolle in der gastronomischen Landschaft. Die *portuenses* nennt man auch gern *tripeiros* (Kuttelesser). Das Tripeiros-Denkmal erinnert an die Großzügigkeit der Bürger damals.

473 FUSSBALL

Die *portuenses* gehen völlig auf in ihrem Fußball. Die meisten Bars haben einen Fernseher aufgestellt, auf dem rund um die Uhr Begegnungen flimmern. Nach der Revolution von 1974 begann der Aufstieg der städtischen Vereine FC Porto und Boavista FC, die seitdem beide nationale wie internationale Trophäen erspielt haben. An diese Errungenschaften gemahnt das Motto ihrer Fans: *»O Porto não é uma cidade, o Porto é uma nação.«* (»Porto ist keine Stadt, Porto ist eine Nation.«)

474 PINTO DA COSTA

Wenn Sie mit den Einheimischen einmal über Fußball klönen möchten, lenken Sie das Gespräch auf Jorge Nuno de Lima Pinto da Costa, der seit 1982 Vereinspräsident des FC Porto ist. Mit mehr als 60 Pokalen in der Tasche ist er der am häufigsten ausgezeichnete Fußballfunktionär der Welt. Obwohl seine Herrschaft nicht frei von Kontroversen ist, wird er doch von vielen verehrt.

475 PORTOS STUDENTEN HABEN »HARRY POTTER« INSPIRIERT

J. K. Rowling wohnte Anfang der 1990er-Jahre als Englischlehrerin in Porto. Damals soll sie angefangen haben, an der »Harry Potter«-Serie zu schreiben. Inspiriert worden sei sie dabei vom prächtigen Interieur des Majestic Café. Die Uni-Studenten in ihren Umhängen und schwarzen Kappen sollen das Design der Schuluniformen von Hogwarts angeregt haben.

5 ANGESAGTE EVENTS, *die man in Porto liebt*

476 **FESTA DE SÃO JOÃO**

Wer die Festa de São João am 23. Juni (zur Ehrung von Johannes dem Täufer) miterlebt, wird zweifellos denken, dass die *portuenses* alle durchgeknallt sind. Straßenfeste, Sprünge über Lagerfeuer, gegrillte Sardinen, Bier und ein Nachthimmel voller leuchtender Laternen und Feuerwerk. Ach ja … und Fremde, die immer wieder versuchen, ihnen mit weichen, aber geräuschvollen Plastikhämmern auf den Kopf zu schlagen. Die ganze Nacht lang!

477 **REGATA DE BARCOS RABELOS**

Die Rabelo-Regatta findet jedes Jahr am Tag des São João statt. Bei diesem bunten Ereignis werden die traditionellen hölzernen Rabelo-Boote zur Schau gestellt. Auf den gehissten Segeln kann man die Namen der Portweinkellereien lesen, die sie repräsentieren. Das Rennen beginnt in Cabedelo, wo der Fluss auf das Meer trifft, und endet in Ribeira an der Brücke Ponte Dom Luís I.

478 CORRIDA DE SÃO SILVESTRE

Dieses Zehn-Kilometer-Rennen findet jedes Jahr Ende Dezember statt und zieht über zehntausend Läufer an. Es ist nicht nur eine Laufveranstaltung – vielmehr eine alljährliche Tradition, die Familien und Freunde in festlicher Atmosphäre zusammenbringt. Startpunkt und Ziel befinden sich in der prächtigen Avenida dos Aliados.

479 QUEIMA DAS FITAS

Das »Bänderverbrennen« ist eine Festwoche, in der die Studierenden ihren Uni-Abschluss feiern. Sollten Sie die Stadt in der ersten Mai-Woche besuchen, werden Sie bestimmt einige dieser Hochschüler in ihren traditionellen schwarzen Umhängen bei einer der zahlreichen Veranstaltungen sehen. Jede Nacht von Mitternacht bis 7 Uhr morgens wird am Queimódromo, wo die Stände für den Alkoholverkauf sind, gefeiert, und alle sind herzlich eingeladen mitzufeiern.

480 FESTA DO SENHOR DE MATOSINHOS

Jeder *portuense* teilt warme Kindheitserinnerungen mit diesem beliebten Jahrmarkt, der jedes Jahr im Spätfrühling in Senhor de Matosinhos stattfindet. Über drei Wochen gibt es dann Kultur- und Sportevents, Kunsthandwerksmärkte, verrückte Fahrgeschäfte, *farturas* mit Zimt (eine Art riesige Churros), gegrillte Sardinen und religiöse Umzüge.

5 **DINGE,**
die man **WISSEN** *sollte*

481 **COUVERT**

Im Restaurant werden meist zur Begrüßung ein paar Snacks an den Tisch gebracht, üblicherweise Brot, Butter und Oliven. Dieses sogenannte *couvert* ist nicht kostenlos (Preise stehen auf der Speisekarte), aber günstig. Es ist erlaubt, es zurückzuschicken. Diese kulturelle Eigenheit kann für Besucher verwirrend sein, die ab und zu schlechte Bewertungen hinterlassen, weil sie glauben, man habe sie reingelegt. Doch die Portugiesen knabbern nun mal gern.

482 **DOSES / ESSENSPORTIONEN**

Eine *dose* wird übersetzt mit »Portion«. In traditionellen Restaurants stehen oft auf der Speisekarte Preise für eine *½ dose* (halbe Portion) oder *uma dose* (ganze Portion). Portionsgrößen in landestypischen Lokalen sind meist sehr üppig. Wägen Sie daher genau ab, wie viel Sie bestellen möchten. Eine *dose* ist oft mehr als genug für zwei.

483 TIMING DER MAHLZEITEN

Seien Sie nicht überrascht, wenn Sie am Abend ausgehen und keine Einheimischen antreffen. Die *portuenses* essen spät. Es ist üblich, dass Freunde sich für ein Abendessen erst um 23 Uhr verabreden. Wer zu Hause isst, trifft sich für Drinks oft erst um Mitternacht. Die Clubs legen um 2 Uhr morgens los, und das Tanzen hört nicht vor Sonnenaufgang auf.

484 TASCA

Tascas sind schlichte Restaurants, die von Portugiesen geliebt werden, weil man hier preiswerte Hausmannskost erhält. Der Stil dieser Lokale ist einfach, die Tische oftmals nur mit Papiertischdecken gedeckt, das Essen wird in Kochtöpfen aus der Küche gebracht. Nach ein paar Besuchen begrüßt man sich beim Namen.

485 RAUCHEN

Viele Besucher mögen schockiert sein (oder erfreut), dass in einigen Cafés, Bars und Nachtclubs immer noch geraucht wird. In Restaurants kommt es seltener vor, ist aber nicht unüblich. Es ist jedoch möglich, auf einen Tisch in der Nichtraucherzone auszuweichen. Ein striktes Rauchverbot in geschlossenen öffentlichen Bereichen soll zwar umgesetzt werden … noch ist aber unklar, wann.

5
MOMENTE,
die Porto geprägt haben

486 **15. JH.: HEINRICH DER SEEFAHRER**
TIPP: DENKMAL DES INFANTE DOM HENRIQUE
Jardim do Infante Dom Henrique
São Nicolau ④

Heinrich der Seefahrer (1394–1460) wurde vermutlich in Porto geboren. Er war das vierte Kind (der dritte überlebende Sohn) von König Johann I. von Portugal und seiner englischen Gemahlin Philippa of Lancaster. Als Initiator portugiesischer Forschungen, des Überseehandels und der Expansion gilt er als Ahnherr des portugiesischen »Zeitalters der Entdeckungen«.

487 **17. JH.: PORTWEIN**

Die Beliebtheit des Portweins in England kam auf, als man im 17. Jahrhundert mit Frankreich im Krieg lag und die Engländer vom französischen Weinhandel abgeschnitten waren. Der Methuenvertrag von 1703 ermöglichte die Einfuhr von portugiesischen Weinen nach England mit einem Drittel weniger Einfuhrzoll als für französische Weine. Viele der heute sehr bekannten Marken wie Taylor's und Cockburn's wurden von Engländern und Schotten gegründet.

488 **18. JH.: NICOLAU NASONI UND JOÃO DE ALMADA**

Im 18. Jahrhundert gab es zwei Männer, die großen Einfluss auf Portos Stadt- und Architekturlandschaft hatten: den italienischen Künstler Nicolau Nasoni, der 1725 nach Porto kam und dessen Barockwerk auch den berühmten Torre dos Clérigos umfasst. Und den Stadtplaner João de Almada, dem man die räumliche Planung der heutigen Innenstadt zuschreibt.

489 **19. JH.: IBERISCHER KRIEG**

TIPP: MONUMENTO AOS HERÓIS DA GUERRA PENINSULAR
Praça de Mouzinho de Albuquerque
Cedofeita ①

Der zweite französische Einmarsch war für Porto besonders schmerzhaft. Am 29. März 1809 begannen die *portuenses* mit einer Evakuierung der Stadt über die Ponte das Barcas. Tragischerweise brach die Holzbrücke über dem Douro in sich zusammen, 4000 Menschen starben. Mithilfe der Engländer schaffte es Portugal, die Franzosen zu besiegen und die Unabhängigkeit zurückzuerlangen. Am Boavista-Kreisverkehr steht das beeindruckende Denkmal eines Löwen (Symbol für den Wagemut der Engländer), der mit seinen Pranken einen Adler (Napoleons besiegtes Imperium) niederdrückt.

490 **21. JH.: WELTKULTURERBE**

1996 wurden das historische Zentrum Portos sowie die Ponte Dom Luís I und das Kloster von Serra do Pilar von der UNESCO als eine Stätte von weltkulturrechtlicher Bedeutung eingestuft. Trotz Neubauten verströmt Porto noch den Charme längst vergangener Tage.

5 FILME, die in Porto spielen

491 **»HARTE ARBEIT AM FLUSS DOURO«**

1931

Diese experimentelle Kurzfilmdokumentation ist ein verklärtes Porträt der Menschen, die am Ufer des Douro und rund um Porto ihren Lebensunterhalt verdienen. Das Regiedebüt von Manoel de Oliveiras entstand 1931, als die portugiesische Filmindustrie noch in den Kinderschuhen steckte. 1994 veröffentlichte er ihn ein zweites Mal, untermalt mit dem avantgardistischen Soundtrack von Luís de Freitas Branco.

492 **»ANIKI-BÓBÓ«**

1942

»Aniki-Bóbó« war das erste Werk in Spielfilmlänge des legendären Regisseurs Manoel de Oliveira und zugleich eines seiner besten. Der Film ist eine neorealistische Parabel. Er erzählt von den Abenteuern der Straßenkinder, die in den Slums und am Ufer des Douro groß werden.

493 »JAIME«

1999

Nach der Trennung seiner Eltern beginnt der dreizehnjährige Jaime (Saúl Fonseca) heimlich, in einer Fabrik zu arbeiten, in der Hoffnung, dass das Geld alle Probleme der Familie lösen und das Glück zurückbringen wird. Der Film von Regisseur António-Pedro Vasconcelos spielt in Ribeira Ende der 1990er-Jahre und zeigt authentische Szenen des damaligen Lebensgefühls in diesem Viertel.

494 »DER OBRIST UND DIE TÄNZERIN«

2000

»Der Obrist und die Tänzerin« ist das Regiedebüt des Schauspielers John Malkovich mit dem spanischen Superstar Javier Bardem in der Hauptrolle. Der überwiegend in Porto gedrehte Politthriller spielt eigentlich in einem unbenannten südamerikanischen Land. Einige Drehorte sind gut wiederzuerkennen, zum Beispiel der Jardim do Passeio Alegre, der Praça dos Leões und der Jardim do Morro in Gaia.

495 »SEFARAD«

2019

»Sefarad« erzählt die Geschichte der jüdischen Gemeinde in Porto ab 1496 – als König Manuel I. die Juden aus dem Land trieb – bis zum heutigen Tag. Der Film ist die Arbeit des in Porto geborenen Regisseurs Luís Ismael und zeigt jede Menge wunderschöne Ansichten der Stadt.

5 *nützliche*

WEBSITES

496 **COMBOIOS DE PORTUGAL**
cp.pt

Der Bahnverkehr in Portugal wird von einem staatlichen Unternehmen betrieben. Auf ihrer Website kann man Fahrpläne einsehen, Fahrkarten kaufen und Sitzplätze reservieren. Die Alfa-Züge sind moderner und schneller, die Intercidades hingegen preiswerter und langsamer, halten dafür aber an mehr Orten. Kinder unter vier Jahren reisen kostenlos (auf dem Schoß), Kinder unter zwölf sowie Erwachsene über 65 zahlen nur den halben Preis.

497 **VISIT PORTO**
visitporto.travel

Die offizielle Tourismusseite von Porto bietet Tonnen von nützlichen Informationen über die Stadt, inklusive einen Kulturkalender. Hier können Sie zudem die Porto.CARD erwerben, einen City-Pass für einen oder bis zu vier Tage, der Ihnen einen kostenlosen Eintritt oder Ermäßigungen zu vielen Attraktionen sowie den öffentlichen Verkehrsmitteln gewährt.

498 TIME OUT PORTO

timeout.pt/porto

Ein monatliches Magazin plus Website voller Ideen für Unternehmungen in Porto. Außerdem gibt es einen Kalender, der Veranstaltungen und Neueröffnungen listet. »Time Out Porto« ist ein tolles Hilfsmittel, wenn man auf dem Laufenden bleiben möchte mit allem, was in der Stadt so passiert.

499 OPEN HOUSE PORTO

openhouseporto.com

Dieses kostenlose Event widmet sich der Architektur Portos und findet einmal im Jahr an einem Wochenende statt, meist im Juni. Dann haben Sie die Möglichkeit, Orte zu besichtigen, die sonst nicht für die Öffentlichkeit zugänglich sind. Dazu zählen die verschiedensten architektonischen Meisterwerke, aber auch das eine oder andere unglaubliche Privathaus. Selbst wenn Sie es nicht zum Event schaffen: Die Website ist eine tolle Ressource.

500 JO&SO

joandso.com

Auf der Website von JO&SO finden Sie Orte in Portugal zum Übernachten und Anschauen, handverlesen von den Autorinnen dieses Buchs, den portugiesischen Schwestern Joana und Sofia. Die Seite ist eine Auflistung von Tipps, wie die beiden sie auch an ihre Freunde weitergeben würden, sollten sie einen Aufenthalt in diesem wunderschönen Land planen. Wenn Sie auf der Suche sind nach weiteren Unterkünften in Porto und im übrigen Portugal, besuchen Sie *joandso.com*.

REGISTER

IMPRESSUM

DEUTSCHE ÜBERSETZUNG © 2022 BRUCKMANN VERLAG GMBH,
INFANTERIESTRASSE 11A, 80797 MÜNCHEN

AUTOREN, FOTOS – Joana und Sofia de Lacerda, joandso.com

LAYOUT – Joke Gossé und doublebill.design

COVERFOTO – Die Livraria Lello – BONDART PHOTOGRAPHY/shutterstock

PROJEKTLEITUNG – Claudia Hohdorf, Maren Langendorff

SATZ – BUCHFLINK Rüdiger Wagner

LEKTORAT – Helga Peterz

KORREKTORAT – Anke Höhne

HERSTELLUNG – Alexander Knoll

Printed in Slovenia by Florjancic

ISBN 978-3-7343-1989-1

lusterpublishing.com – the500hiddensecrets.com – info@lusterpublishing.com

Alle Angaben dieses Werkes wurden von den Autorinnen sorgfältig recherchiert und auf den neuesten Stand gebracht sowie vom Verlag geprüft. Für die Richtigkeit der Angaben kann jedoch keine Haftung übernommen werden. Sollte dieses Werk Links auf Webseiten Dritter enthalten, so machen wir uns die Inhalte nicht zu eigen und übernehmen für die Inhalte keine Haftung.

In diesem Buch wird aus Gründen der besseren Lesbarkeit das generische Maskulinum verwendet. Weibliche und anderweitige Geschlechteridentitäten werden dabei ausdrücklich mitgemeint, soweit es für die Aussage erforderlich ist.

★★★★★

Sind Sie mit diesem Titel zufrieden? Dann würden wir uns über Ihre Weiterempfehlung freuen. Erzählen Sie es im Freundeskreis, berichten Sie Ihrem Buchhändler oder bewerten Sie bei Onlinekauf. Und wenn Sie Kritik, Korrekturen, Aktualisierungen haben, freuen wir uns über Ihre Nachricht an: Bruckmann Verlag, Postfach 40 02 09, D-80702 München, oder per E-Mail an: lektorat@verlagshaus.de.

Unser komplettes Buchprogramm finden Sie unter www.bruckmann.de

Die Deutsche Nationalbibliothek verzeichnet diese Publikation in der Deutschen Nationalbibliografie; detaillierte bibliografische Daten sind im Internet über http://dnb.d-nb.de abrufbar.